開心

與大師談天1——沈默

採訪：吳美雲

總編輯的話

出版序

朋友們總是很好奇地問我：「漢聲四十六年以來出版的都是民間文化題材的雜誌、書籍和兒童叢書，怎麼現在會想要出版《與大師談天》這一系列的書？」

答案其實很簡單。對我而言，多年來我在漢聲所做的、學的，彷彿都是在為出版《與大師談天》鋪路。因為漢聲，我學會了寫書、作書、出版書；因為漢聲，我有機會深入中國民間文化，認識到中國文化的偉大和深奧；也因為漢聲，我接觸到了修行、氣功、打坐。而今天要出版的《與大師談天》系列可以說是完成我多年來的心願，把我從修行、氣功、打坐的老師們和接觸的大師們那兒學到的、領悟的寫成書，與更多人分享，讓更多人受益。

自從 1984 年被帶進修行的世界後，在那裡我發現了一個全新的領域。那是一個能量與信息的領域，一個透過修行可以把自己的智慧和潛能發揮到極致的領域，傳說中的他心通、他耳通、他眼通都是可以練出來的。那更是一個心智、意念可以主導、改變物質世界的領域。

簡單的說，修行、練氣功、打坐就是學習提升自身的能量、提升自身的智慧。而第一步要做的，就是把心胸打開，用愛心、無情緒的心，接納世間的喜怒悲恐憂。能接納人間的苦難，心必靜。心一靜，就能專注，就能練習如何用意念帶動氣，逐漸把自身的能量場增強，逐漸把自己化入大自然的能量場，逐漸藉著大自然的能量運作，練出功能。

踏進修行的世界之後，我認識了許多高功能人士，他們每個人都有超感官的能力，都擁有一項或多項特異功能。他們有些能力是天生的，有些卻是練出來的。事實上，世界上許多人多多少少都有特異功能，只是他們不敢讓人知道，或者根本不知道自己擁有的能力是特殊的，是一種超感官的特異功能。在前臺大校長李嗣涔教授的手指識字實驗裡就可以發現：很多9歲以下的小朋友，只要經過適當的誘發都能訓練出功能。他們可以在完全沒有光線的條件下，憑著超感官能力，看到密封在信封裡的字。

我相信，超感官能力、特異功能，並不只限於少數高功能人士，而是每個人都可以透過修行、練功練出來的，因為它是人類的本能，是潛能。就說我自己，我跟伍既安師父練功練了三、四年之後，有一天打坐時氣感特別強，能把周遭的能量場捲動起來，吸入丹田。接著，我就發現有一股非常強大的氣從丹田上升沖脈至眉心，從眉心直射出去，如一道雷射般，穿透了牆壁。這時，我竟如身歷其境般看到牆壁後那個房間的所有一切！

這雖然只能算是單一事件，但也確實證明了很多高功能人士們說的：練功真的能練出超感官的能力。只是能練得多好、多強，就因各人的天分和用功而定。不過，不管練得如何，只要肯修行、肯練功，我相信一定會有意想不到的收穫，哪怕只是身體健康了、不容易發脾氣了、看世界順眼多了，或者就只是人變開心了。

至於修行、練氣功是否能幫人恢復健康，我也深有體會。開始練氣功前，我一身病痛，醫生警告我：「你的腎盂腎炎再這樣下去，快則六個月、慢則一年，你就必須洗腎。」當時伍師父看著全身水腫的我，只說：「好好打坐，把身體練好。」被病魔纏身多年的我，這句話似乎帶給了我一線希望。我當即下定決心，把所有的藥丟掉，一心一意練起功來。我每天早、中、晚按時打坐半小時，風雨無阻。皇天不負有心人，三年後做全身健康檢查時，我發現我的腎盂腎炎痊癒了！只留下腎臟纖維化後的疤痕為曾經的病痛作見證。

大學時，我對“Mind Over Matter”這類的書籍很感興趣，對於「意念可以改變、主導物質」這樣的論點更是充滿好奇。沒想到，在修行、練功的過程中，我竟親身驗證了這一點。

我遺傳了母親的大腸潰瘍病症，一不忌口，大腸就會發炎、潰爛，甚至出血，而且潰瘍部位非常非常痛。第一次發作時，我已練功多年，當時辛島勇老師提醒我：用意念能把潰瘍的傷口修補好，解決疼痛。我非常專注地照做。不可思議，我真的做成功了！不但血止住了，潰瘍部位也不痛了。原來只要意念夠專注、夠強，真的可以改變、主導物質世界的一切！

其實，修行、練功對我而言，最難的不是練出功能，也不是運用能量去做某些需要超感官能力才能完成的事，最難的是修心！辛老師就曾告誡過我，我最大的問題是情緒起伏太大。我的性子急躁，雖然平時表面看不出來，但只要一出事，常年因工作壓力太大形成的緊繃就會在體內爆發，造成五臟的傷害。因此，我最大的課題便是如何隨時保持心的平靜、情緒的平穩。

中醫素來認為情緒與五臟的健康互有因果。《素問玄機原病式》中就說：「五臟之志者，怒、喜、悲、思、恐也，若志過度則勞，勞則傷本臟……」我是受西方教育長大的，真的很難相信生病是源於怒、喜、悲、思、恐等情緒，而非細菌、病毒。但是，一次又一次的親身經驗讓我不得不相信：心不靜，病邪入侵；心不靜，不能專注；而不能專注，就不能入定；不能入定，就不能進入超感官的領域。所以，追根究底，修行、練功的根本，在於修心！

*　　　*　　　*

在此，我要感謝上天賜予五位帶領我進入修行世界的老師：我生生世世的恩師辛島勇大夫；我稱他為我學修行的博士後導師沈默先生；我的啟蒙師父伍既安先生；用科學理論給我講解修行現象的東吳大學前理學院院長陳國鎮教授；以及帶領我探討中國經典的國立台北藝術大學辛意雲教授。

他們讓我明白修行、練功的真正目的在於：

- 讓人活得更開心、更自在、心胸更寬廣
- 讓人看待事物的角度更全面、更完整
- 讓人開發自身的智慧、潛能，因此練成超感官能力
- 讓人更能與宇宙的能量場結為一體，更能接上宇宙的信息庫，下載信息
- 讓人更理解天之道，能順天而行

《與大師談天》系列就是把我三十幾年來所學到的這一切，化成文字，記載成冊。

系列的第一本是沈默老師的《開心》。這是一本從日常生活中體現人生智慧的好書，可以教你如何「活得更自在、更開心，心胸更寬廣。」

系列的第二本《是特異功能？還是潛能？》是運用特異功能人士孫儲琳與兩位科學家和我的對談，探索孫儲琳老師的特異功能究竟是特異功能，還是原本每個人擁有的潛能。

接下來陸續要出版的還有陳國鎮教授、辛意雲教授、辛

更能接上宇宙的信息庫，下載信息。

島勇大夫、崔玖大夫……多位大師們的書。

陳國鎮教授曾經跟我說：「今天科學終於進展至可以解釋修行、氣功、打坐時的諸多現象。」我聽他一一道來，讓人有豁然開朗之感。很多怪力亂神之事，經他一解說，原來竟有科學根據可依循，實在精采。

辛意雲教授的中國經典新解──《論語辛說》、《老子辛說》，是本系列很重要的作品，因為修行、練功的傳承、方法和智慧其實在古經典裡早有論述。我們只需懂得如何解讀古經典，就能挖出老祖宗留傳給我們的智慧。

浸淫在中醫、能量氣功和中國人養身之道多年的辛島勇大夫，也會把一生所學公開於世。當初，我跟辛老師學修行、練功時，曾問他：「可否也教我中醫？」辛老師回答：「你今年 52 歲，年紀太大了，很難學得成。但是，你如果好好修，好好練功，有一天自然而然就會中醫。」辛老師沒有進一步解釋，但我跟他學習十九年至今，的確發現：時機成熟時，需要知道的、需要會的、需要悟出的，「莫名其妙」就會知道、會做、會悟出答案……

* * *

有朋友又問我，「你三十多年前正患腎盂腎炎時，為什麼敢放棄醫藥系統，而採納氣功治病？為什麼多年來雖然身體不是這個病就是那個病，仍然相信修行、氣功、打坐的功效？為什麼今天仍充滿信心的要透過出版《與大師談天》系列大力推薦修行、氣功、打坐？」

我不知道我當初的信心來自哪裡，可能是人追求存活的本能吧，畢竟醫生已告知我一年內需洗腎。而這麼多年來我仍堅信修行、練功有功效，則因為我實實在在受益良多。我很清楚，若不是修行、練氣功、打坐，我活不到今天。

我們的社會在追求西化、現代化的同時，把祖宗很多的寶貴經驗、智慧，包括生存法則，不是淡忘了就是否定掉了。可能因為我生在美國，從小受西方教育，對中國文化沒有任何包袱，反而能無阻礙地去接近它們、肯定它們，最後深深被這些老祖宗們的智慧所感動。

我深信修行、練氣功、打坐這些生存智慧之所以流傳幾千年，一定有他們的道理。我用我這一生的修行經歷驗證了這一點，所以今天才能信心十足地向所有人推薦修行、氣功、打坐。它利益了我，我相信它也能利益你，利益你身邊的每一個人！

目錄

2003年9月12日

第一回

■初次見面

2003年中秋節過後的第二天，我從台北飛往北京，才一抵達機場，就接到朋友的來電，他說：「Linda，你快來，我介紹個高人給你認識！」

很多朋友都知道，多年來我一直跟著一位中醫——辛島勇大夫學習修行。巧的是，就在到北京之前，辛老師告訴我：「你已經跟我學了七年，我希望你出去認識一些高人，這樣你才會知道自己學到哪個層次了。」所以一聽朋友說要介紹高人，我在好奇之餘也非常期待。於是，一出了機場，我立刻搭車趕往朋友家。

直到今天，我都還清清楚楚記得那天的情景。朋友家座落在一個U字型的社區裡，夕陽西下、一輪圓月正冉冉自天邊升起之際，朋友家的社區中庭裡一派悠閒，住戶三三兩兩出來散步、賞月。我和朋友家的多位友人們也一起擠在廚房的窗口邊看月亮，等著當天的主客。就在晚飯時刻快到時，朋友接到電話，說：客人快到了！

一聽主客要到了，我好奇地往樓下中庭看。忽然，我感覺有股強大的能量，從下面直衝上來，如大柱子般砸向我，而這時，就看到有個男的，手裡拎著塑膠袋，正走進朋友家樓下的大門。我心想：「難不成他就是朋友說的高人？」果然，門鈴一響，客人進門了，他手裡拎著塑膠袋，袋裡是他要送給大家的禮物。

這人就是朋友要介紹的大師——沈默，也就是沈老師。

客人全數到齊，十幾個人圍著一張長桌子坐下，準備開飯。我被安排坐在沈老師對面。每次在這種朋友聚會的場合，不知為什麼，聊天的時候大家總喜歡對著我講話，那天也不例外，沈老師對著我講了一整個晚上。剛開始，話題很普通，但後來他講的故事簡直讓我入迷，不管是「十二生肖」還是「漢字：容易」……個個都讓人感受到他的智慧，以及他對中國文化的獨到見解、對事物的洞見。

奇怪的是，講故事的途中，沈老師突然說：「說不定靈鴿會來。」在場沒人聽懂他說的是什麼，我也不知道，但我卻清晰地感覺到：「靈鴿來了！」於是，我說：「它已經來了，就在這裡！」沈老師看了我一眼，沒說什麼，又繼續講起了故事。那一晚，這樣的事大概發生了三、四次，每一次都是突然講一些很奇怪的話。不知為什麼，我可以清楚感覺這是沈老師的考試，在考驗我的反應和靈敏度。

講完三個故事，沈老師問我：「有什麼地方要我幫忙的？」

我相信朋友邀請他時，應該是請求過他幫幫我們的，就大膽地說：「有，有兩件事想請你幫忙。第一件事，我們在台灣發行了一份兒童報，叫『漢聲小百科幺報』，我認為是漢聲三十多年來最有創意的產品，對兒童教育有很大貢獻。我希望這份報紙可以在大陸出版，讓大陸的兒童一起分享。」沈老師回答：「這一定可以，只要你有愛心、有耐心，一定做得成。」我說：「太好了！」

「第二件呢？」沈老師問。

我想都沒想，就說：「我希望可以寫你的書。」話一說完，我自己都嚇了一跳。我這輩子，除了想寫我老師——辛老師的書以外，從來沒有想自己動筆幫任何人寫書。

沈老師的反應同樣令我驚訝。他考慮都沒考慮，當場就說：「好，沒問題。」

朋友吃驚不已，問：「沈先生，這麼多人要寫你的書，你從來沒答應，怎麼今天才第一次見到吳美雲，你就答應了？」

沈老師說：「我就是在等她出現。」

《與大師談天》的書系就是這樣誕生的。

當時，所有人都尊稱他「沈先生」，但我直覺他是我的一位老師── 沈老師，因此打從一開始就稱他「沈老師」。既然說了要幫沈老師寫書，當然要立刻安排。當時是9月，我便和沈老師約定：自10月起，每個月安排三到五次見面，由他主講，我負責採訪、錄音、編輯和撰寫。

* * *

就這樣，2003年10月6日我和沈老師展開了《與大師談天》的第一次採訪。

下午兩點半，我準時到達沈老師家。沈老師的家布置得典雅大氣，收藏的古董、字畫、北宋官窯、彩陶、佛像……樣樣美得不得了。最後，沈老師介紹到了大門對角、靠窗口的一尊石雕立佛。佛像的高度比我稍矮，年代很古老，一般來說這麼古老的石雕佛像，上面的紋樣早就風化了，但這尊佛像袈裟上的紋樣卻還是非常清晰，上面繡的不是花就是佛，簡直美極了！我忍不住讚嘆：「怎麼這麼漂亮！袈裟上的雕花……完全沒風化！」

沈老師看看我，然後說：「你要不要在祂前面打坐一下？祂有時會跟你講話。」還沒等我回答，沈老師轉身拿了墊子擺在佛像前，說：「就坐這兒吧。」我心想：「這又是場考試吧?!」於是，我放下背包、脫下大衣，盤膝坐上墊子，一個人在那兒靜坐……坐……坐……坐……

忽然，我聽見一個聲音：「開心！」

「咦？佛像說話了？」我想了想，於是問：「開心？什麼意思？是要我開心呢？還是要我讓別人開心？或者是……要我把心打開？」

那聲音回答我：「三個都是。」

我心想：「噢。」

得到了答案，我也就結束打坐，站了起來。同一時間，沈老師從房間走出來，問我：「佛像跟你說話了沒？」

我說：「有，祂說『開心』。」我跟沈老師描述了一遍剛剛的對話。沈老師耐人尋味地看了我一眼，沒講什麼，帶我走向桌子坐下，他從口袋拿出一疊疊事先寫好大綱的便條紙，貼在桌面上後，開口第一句話便說：「我們的書名就是『開心』。」

我當場就楞住了。

一會兒後，我問：「沈老師，是我剛剛跟你說『開心』，你才決定跟我講『開心』呢？還是你原來就準備要說『開心』？」

「我原本就是要講『開心』。」他說。

「在今天，我來以前？」

「對。」

「所以，剛才是你把『開心』這個訊息，透過佛像告訴我？」我繼續追問。

「不是，佛像有佛像的本尊，是祂的本尊告訴你的。」

「那怎麼會剛好一樣呢？」我覺得太不可思議。

「這個肯定是全息的，也就是說，『開心』是宇宙本體的要求。」

「宇宙本體的要求？……所以我是接收到宇宙的訊息了？」我又問。

「對。」

*　　　*　　　*

第二天，2003 年 10 月 7 日，沈老師的一位朋友證實了「開心」果真是事先擬好的書名。當天採訪時，他剛好到訪，之後便靜靜坐在一旁看我的採訪，等採訪告一段落，他好奇地問我：「

聽說，你昨天坐在佛前，聽到佛說『開心』了？」

我說：「對！」

他說：「沈先生兩星期前就告訴我了，他說要接受你的採訪，要講的就是『開心』。」

其實，這兩天採訪下來我也發現了：沈老師寫在便利貼上的大綱，每條也都跟「開心」有關。

原來，冥冥中一切自有安排——我和沈老師的認識是天意，合作也是天意。

2003年10月7日 第二回

■開心

沈：現在，我們就開始談「開心」。

吳：等等，沈老師，我之前聽到的開心，真的是來自宇宙本體的信息嗎？

沈：沒錯。

吳：我們兩個人在不同的時間、不同的地點，卻收到同樣的信息——開心，這實在太不可思議了。

沈：你要知道，宇宙的信息是全息的，而開心是宇宙本體的要求。開心太重要了！

宇宙的信息是全息的

開心是宇宙本體的要求

■開心就是佛

沈：在我看來，所有的事情、所有的東西都是全息的，這個世界就是一個整體，所以開心不光是一個人的事，它是很整體、很系統的事。

吳：怎麼說？

沈：人的情緒呀，會產生一種場，而場，會影響周圍所有的一切。比方說，要是有個人站在你旁邊一直埋怨、怨恨著別人，一直在生氣、在不開心，那麼自然而然的，你就會有種感應，感覺很不舒服，很想趕緊走開。即使那個人是在隔壁房間，不在你跟前，你也一樣能感應到那種不開心、怨恨的場。

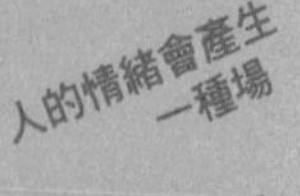

場會影響周圍所有一切

而這個世界上是有很多人在不開心、在怨恨、在煩惱的，這些情緒形成了一個很大的場，它不但會影響周圍的人，還會影響周圍的一草一木。幸虧，這個世界上還有很多人是開心的，他們內心充滿歡喜、充滿愛，於是這種開心的場、歡喜的場，便和不開心的場形成了動態平衡。

吳：**動態平衡？你的意思是……開心和不開心的場彼此勢均力敵、打成平手？**

沈：對。你想想，要是在這勢均力敵的當口，你忽然一開心了，不就立刻東風壓倒西風，整個場轉向開心了嗎？表面上看起來，這只是你個人的開心，但實際上你的開心一下子加持了歡喜的場、開心的場，讓整個世界的場從負面轉向了光明。也就是說，你個人的開心不僅利益了自己，也利益了眾生，利益了所有的一草一木，使整個世界多了一份安全與和平的保障。

開心利益眾生

很多人認為世界大戰是由某一個事件，或者某一個人引起的，其實不然。戰爭會爆發，往往是因為不開心的場、怨恨的場一下子衝破平衡的臨界點，控制了多數人的心理狀態，於是形成一種癲狂、不能自控的群體意識。在這種群體意識作用下，所有人只會覺得：唯有拿起槍來，才能解決問題。

所以，當你一個人開心的時候，千萬不要以為你只是利益了自己，你是在利益眾生、利益全人類、利益這世界的一草一木。從這個角度來說，什麼是佛？開心就是佛。什麼是功德？開心就是最真實的功德。什麼是方便法門？開心就是最方便的方便法門。

開心就是佛

吳：**所以我們只要開心，就是在對這個世界做功德；只要開心，就可以成佛了？**

沈：對極了。

所以，只要你能夠每天都開心，你就是對這個世界做出很大貢獻了。不需要做什麼，只要一點點開心，你就能利益眾生，你就是佛。

如果你今天一整天都開心，你今天一整天都是佛，一整天都在利益眾生，都在給這世界注入光明的能量，給每個人加持和平的保障。要是你今天不開心，沒關係，明天還可以開心，你隨時可以重新回到開心的狀態。所謂「佛門常開」就是這意思。它隨時歡

給世界注入光明的能量

迎你進來，隨時歡迎你再度成為佛。

吳：我們可以隨時、立刻把心情從不開心轉回到開心的狀態？

沈：當然可以。如果能慢慢進展到一星期都保持開心，那麼你一星期都是佛，整個星期都在為世界加持歡喜的能量、光明的能量、愛的能量。最後，如果你能一個月，甚至到生命終結那一天，始終保持開心，你就是真正的佛了。

所以，大家要開心。只要開心，人類就有希望，和平就有保障，所有生命就會得到最好的呵護。

只要開心
人類就有希望

智慧和覺悟是關鍵

吳：可是，沈老師，要怎樣才能開心呢？

沈：前面我說了，開心實際上是一種狀態。想要達到這種狀態，始終保持開心，沒有「智慧」和「覺悟」是很難辦到的。所以，有人問「什麼是佛」時，我也會說：「智慧覺悟就是佛！」

智慧覺悟就是佛

吳：剛剛不是說「開心就是佛」嗎？怎麼這會兒又說「智慧覺悟就是佛」呢？那，到底……

沈：別急，別急，聽我慢慢解釋。

吳：好。

沈：先說智慧。你看，從字面上看，「智」的上面是「知」，下面是「日」，也就是說「日知為智」，每天知道一點、知道一點，一天天積累下來，就成了「智」。

日知為智

吳：所以，智是一天天積累下來的？

沈：對。智是一個積累的過程，也是一個從無到有的過程。而「慧」呢，拆開來看，最下面是「心」，中間是「雪」的局部，最上面則是「丰」，而且是兩個丰。這是什麼意思呢？是說當一場大雪下在心上，一片空白，什麼都沒有了之際，慧才能生發出來。

從無到有

吳：怎會一片空白，什麼都沒有了？

沈：你看，一場大雪下來，無論山川、大地、河流、房屋，全白了，對不對？

吳：對。

沈：全白了，不就什麼都沒了嗎？

吳：**噢～～**

沈：什麼都沒了，也就無相了。

吳：**噢～～無相。心裡一片空白，什麼都沒有。**

沈：對。心裡一片清明，什麼都不見了。「空則靈」呀，這時你的慧根才會生發出來。而慧根一旦迸發，不會一點點，而是非常非常豐盛，豐盛到用一個丰字不足以形容，要用到兩個丰。

無相

空則靈

吳：**丰又怎麼解釋呢？**

沈：丰是草木繁盛的意思，代表著豐收、豐茂、豐富。
所以，慧剛好跟智相反，它是一個化有為無的過程。

化有為無

吳：**你的意思是：先是從無到有，這是智，是一天一天積累下來的，然後把這些有都弄沒了，化有為無，就成了慧？**

沈：對。慧，也相當於是個飛躍的過程。也就是說，當你每天積累一點、每天積累一點，日知為智以後，你不能還老是積累呀，積累太多了，反而會被知識、經驗給蒙蔽。所以，積累到一定程度，你就必須要飛躍，要化有為無。而這個飛躍的過程，就像一場大雪下在心上，什麼都不見了，什麼都沒有了，一片空白之際，慧根一下子蓬勃而出！

吳：**好棒。先從無到有，再化有為無；先有智，再有慧，從智飛躍成慧。**

沈：對。

吳：**那麼，覺悟呢？覺悟怎麼解釋？**

沈：「覺」的上面是「學」，下面是「見」，代表「學而有見」。也就是說，你不能光只是學，學習之餘，你還要有自己的見解，才算是到達覺的程度；只是學習，而沒有自己的見解，那麼「學」字下面沒有「見」，只有「子」，你永遠只能算是個學子。要到達覺的境界，你得不斷學習，不斷積累自己的見解，而且積累的還得是正確的見解。

學而有見

正確的見解

吳：**這跟智很像呀，也是一個積累的過程⋯⋯**

沈：對！覺是一個積累的過程，而且同樣是一個從無到有的過程。剛開始呢，你可能只是覺得學習是對的、積累見解是好的、這麼做是應該的，所以才去做，但持續不斷堅持下去，久而久之，這些學而有見就變成自己的本心了。這時候，就是「悟」……

變成自己的本心

吳：等等，等等，變成本心是怎麼一回事？怎麼變成本心的？

沈：就是說，你一直持續不斷在學習、在積累見解，久而久之，積累到一定程度後，你會發現自己不再是因為覺得學習是對的、積累見解是好的才去做，而是自然而然就這麼做了。這時候，所有積累的見解就變成你的本心了。

吳：而本心，就是悟？

悟＝吾心＝我心

沈：對呀，你看，悟這個字，拆開來看是「吾心」，也就是「我心」。當你做一件事情時，不再是因為覺得這件事情好、這件事情對才去做，而是依照自己的本心在做，就是悟的境界了。

吳：噢～～所以說覺悟覺悟，先有覺才有悟，要從覺才能達到悟？

沈：對。就拿行善來說，有些人行善是因為覺得行善是做好事才去做的，而有些人行善，根本忘了這樣做是好還是不好、對還是不對，他只是按著自己的本心在行善。這時候，已經沒有什麼所謂好的或不好的見解、對或不對的見解，因為所有見解已經和我心融合成一體，進入了悟的境界。所以從覺到悟，又是一次化有為無的過程。

吳：等於說，智進入到慧是一次化有為無的過程，而從覺到悟又重複一次，再次化有為無了？

沈：對。前面積累的學而有見，積累到最後化有為無，所有見解都不見了，它們變成你自己的心。你行善，純粹只是因為你心裡願意這麼做。

吳：可是，沈老師，你如何確認積累出來的本心是一顆善的本心？一顆好的本心？

積累正見

沈：所以前面我才會說，積累的必須是「正確的見解」呀。積累正見非常非常重要。有了正見，對事物有了正確的見解，你才不會被人世間各種各樣干擾、煩惱困住，才能在紛擾無常的人事中保持如如不動。透過正見的引導，你才能持續不斷地積累、積累，到最後化有為無，變成自己的本心，進入了悟的境界。這時候，你才能真正開心。

吳：所以說，智、慧、覺、悟是有層次的，是需一層一層上去的，對嗎？

沈：對。當你做到第一層——智，日知為智，因為對人對事知道的多了，你的開心會多一點。到第二層——慧，慧根生發，你更開心了。雖然如此，有時候你仍然有煩惱，開心不起來。到了第三層——覺，因為有了正見，你的開心更多更多了，相對的，這時候煩惱減少了很多。最後到了第四層——悟，你的心已完全打開，你可以一直保持在開心的狀態裡，再也沒有什麼事可以困擾你，你已經是真正的佛。

所以，什麼是佛？智慧覺悟就是佛。

日知為智
慧根生發

有了正見
開心

■每個人都是佛種子

吳：說到悟，我就想到我也曾經問過達賴喇嘛：「什麼是悟？」

沈：哦？

吳：有一次，達賴喇嘛到台灣演講，我就乘機問了他：「什麼是悟？」他說：「悟不光只是『哎呀，我悟到了』那一下子，悟是無限的……」

沈：你可以把它看成是無限的，也可以把它看成只是一個「打開」。

關於這個問題的爭論，實際上也不是現在才有，早在大唐時期佛教界就爭得白熱化了，所以唐三藏才會想到要去西天取經。據說唐三藏從小就智慧過人、過目不忘，年紀輕輕就已經把所有佛教經典熟讀無誤了。對於佛教界為什麼會有這麼一個大爭論，他認為主要是因為佛教傳入時間已久，而且中土距離佛教發源地遙遠，再加上佛教經典的譯本太多了，大家無所遵從。因此，想解開這個大爭論，方法只有一個，那就是回到佛教的發源地西天——印度去！

至於佛教界之所以對「悟」有不同的解釋，其根本原因就在於基本觀點不同。一派觀點認為：每個人都是一個佛種子。

什麼是悟？

打開

每個人都是一個佛種子

吳：每個人都是佛種子？

沈：是呀。那麼，既然是種子，就需要澆灌它，讓它破土而出，讓它成長、讓它開花，最後它才能成正果。

每個人都具有佛性

另一派觀點則認為：每個人都具有佛性，而佛本身就是具足的，不需要再澆灌、再成長，更談不上開花結果。在每個人身上，佛性早已經圓滿，只不過是出生之後被各種污垢、罣礙，一層一層遮蔽住了。所以，只要能打開自身的佛性，就會發現：佛性早已經具足，早已經圓滿地在那裡等著了。

這兩派觀點其實都很了不起，也各有各的道理，因此雙方相持不下。

吳：那，哪一個是對的呢？

沈：你說呢？

吳：我認為兩個都對。實際上，你可以把它們看成是一模一樣的東西嘛。

沈：這個問題呀，不是現在的佛經可以回答的。

遺傳系統

密藏系統

就好比說吧，一個人，你不可以只把他看成是一個個體，為什麼呢？因為每個人身上其實都承載著三個系統，其中兩個是遺傳系統，一個是密藏系統。

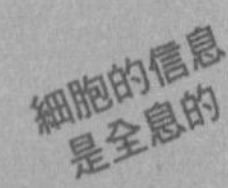

兩個遺傳系統指的是什麼呢？比方說，你是你父親的延續，是由你父親的細胞所生成的。別忘了，細胞的信息是全息的，因此你身體的細胞包涵了你父親的全部信息。而你父親是你爺爺的延續，他的細胞裡遺傳了你爺爺的全部信息。所以，從生理遺傳的角度來看，你不是一個單獨個體，不是一個單獨的點……

吳：而是一條線。

沈：對呀。這條線可以從你往上延伸向你父親、你爺爺、你爺爺的爺爺……而且，這條線絕對沒有斷過，要是斷了，也就不會有你的存在了。

吳：難怪好多人都說我跟祖父很像。

沈：這一點也不奇怪。祖祖輩輩的經驗體系、知識體系都包括在這個遺傳裡。所有的信息都在，一點也不會少。而且，只要進去了，就永遠在那裡，它就好比圖書館裡的藏書，一本書只要放進去了，就永遠在那兒，你可能找不到它，但它永遠都在。

吳：那母親呢？母親的信息不包括在這個系統裡嗎？

沈：母親的信息也會不斷的添加進來，我只是為了方便解說，把它簡單化了。

吳：瞭解。

沈：那麼，第二個遺傳系統是什麼呢？第二個遺傳系統講的是元神。要知道，人的身體只是一個舍，一個房子。房子會慢慢變老、變舊、變得不能住人，這時你就得搬家，而等這個新家又慢慢變老、變舊、變得不能住人了，你還得再搬……所以，身體只是一個舍，你的元神是不斷在搬家、不斷在輪迴的。好比說你吧，你現在多少歲了？

元神

身體只是一個舍
元神不斷在搬家

吳：快六十了。

沈：也就是說，你的元神在這個房子裡住了六十年，但實際上在這之前，它不知道已經搬過多少次家。那麼，有的人呢，很可能以前是你的鄰居，很熟很熟的，後來因為你們各自搬家搬開了，這次很巧又搬到隔壁住，結果一打照面，你就感覺：「咦，這個人怎麼感覺這麼熟呀？」

吳：噢～～難怪有時候我會對從沒到過的地方卻感到很熟悉。也是因為這個原因？

沈：對，元神的所有信息是一直在這個遺傳系統裡輪迴的，一世一世又一世……可能輪迴七、八世了，也可能輪迴了十幾世，所以有的人雖只是三歲，他卻良知具足，沒有什麼不懂的，什麼是好，什麼是壞，他都經驗過，分寸掌握得非常好；而有的人明明七、八十歲了，卻還不太懂得人世，因為很可能這是他的元神第一次來到人世間，剛剛從動物轉化成人。所以，人跟人呀，外表上看起來好像沒什麼差別，實際上差別可大了。

吳：嗯。

沈：一個人除了有這兩個遺傳系統，還有第三個系統——密藏系統。密藏系統裡全是宇宙的本源信息。

宇宙的本源信息

吳：本源信息？那是什麼？

沈：本源信息指的是宇宙的全部信息，是來自宇宙本體的信息。

吳：宇宙本體的信息？

沈：關於這方面，以後有機會我們再好好談談。

吳：好的。

沈：現在你看看，一個人的身上不只有血緣遺傳的所有信息，還有元神、宇宙本體的所有信息，那麼你說哪個才是他呢？哪一個是佛性呢？哪一個是需要生根、發芽、開花、結果？哪一個是本身就已經具足了呢？

如果不把這三個系統清楚弄明白，只囫圇搞在一起，看成是一個人，那當然永遠爭論不休了。但如果你清楚知道一個人實際上是三位一體的，知道具足的已經在那裡具足了，發芽的還需要發芽，開花結果的還需要開花結果，那麼你就會發現所有這一切在人身這個整體裡是三元鼎立的：各有各的歷程，各有各的來處和去處。那麼，所有的爭論不就變得沒意義了。

三位一體

三元鼎立

各有各的來處和去處

這就好像有個大人抱著一個小孩，雖然他們是連成一體的，但實際上大人是大人，小孩是小孩呀。要是他們走出去，遇到有個人指著他們說：「哎喲，他還小呀，還需要繼續撫育、繼續成長。」而另一個人則說：「他已經長大了，不需要再成長了。」就像你剛剛說的，他們兩個說的都對，因為他們看到的是抱在一起的一個整體。而事實是，他們看似整體，卻又各自獨立；他們雖然各自獨立，又連成一體。從這個角度看，可以把很多爭論看得更透澈、更明白。

吳：因此也就沒爭論了，是不是？

沈：對，因此就沒爭論了。

■評價系統要放在自身之內

吳：沈老師，我有個問題。

前面你談到覺的時候，不是說到要積累自己的見解，而且還得是正確的見解嗎？

但，怎樣的見解才算是正見呢？

沈：正見呀，有時也叫作「正覺」，它指的是你對待入世的基本態度。不過，很少人能在一開始就建立起正見，而人世間無常呀，因此即使是很達觀、很智慧的人也不免會因生活上各種各樣的干擾而煩惱。

前陣子，有對父母就帶了女兒來找我，希望我幫他們的女兒解開心理上的結。

吳：哦？

沈：這個女孩的父母都是領導幹部，爺爺奶奶也是領導幹部，家世非常好。她從小聰明伶俐，長得漂亮，性格好，身體好，學習成績也好，簡直是個天之驕女。沒想到，上了高三，卻栽了個跟斗。

高三的第一學期，她班上丟了一筆班費，陰差陽錯的，大家都認為是她偷的。不但班主任認定是她偷的，連她最要好的朋友也這麼認為，因此都不理她了。她一直都是天之驕女呀，從小無論走到哪兒，就像個小公主一樣被大家捧在手心裡的，結果突然之間跌到人生的谷底，一下子心裡就打了個死結，整天不吃不喝，光想死。

吳：真的呀？

沈：嗯。她的父母緊張得整天就看著她，但光看著沒用啊。

吳：聽起來是有點憂鬱症了。

沈：她整個狀態非常不好，因為一切對她來說太突然了。本來她是樣樣出類拔萃的，自己也很自強，上的是北京市最好的中學，要很高的分數才能考進去的。

她的父母透過一些關係找到我，把女兒帶到我這兒來。一見面，我就真心誠意祝賀這個女孩：「恭喜你，這麼年輕就遇到這樣的事。我們每一個人都要經歷成熟的過程。什麼叫成熟呢？就是把評價系統從自身之外挪到自身之內。」

吳：**把評價系統挪到自身之內？**

什麼意思？能不能講清楚一點？

沈：一般人的評價系統都是在自身之外，就是看別人怎麼評價你，你就認定自己是怎麼樣。實際上，只有你自己最瞭解自己，有時候連你的父母都有可能誤會你，所以你對自己的評價系統是絕不能放在自身之外的。如果放在自身之外，不就隨便一個陌生人都有可能汙衊你、踐踏你了嗎？

外界是無常的，今天有人說你好，明天有人說你壞，各種各樣的誤會都可能發生。如果你依賴外界對你的評價，你的內心隨時會受到波動，甚至受到傷害，你永遠不可能做到如如不動。所以一個人怎樣才叫作成熟？當你的評價系統挪到自身之內，你就成熟了。

評價系統挪到自身之內

一個人如果活到七十歲，他的評價系統還在自身之外，那麼儘管他年紀一大把了，他還是不成熟。相反的，一個人只有十八歲，但他的評價系統已經在自身之內，他能夠自己評價自己，自己如實地看待自己，那麼他就是成熟的人，面對任何不善意的批評，他都可以做到如如不動。

自己評價自己如實地看待自己

所以，一見面我就真心誠意地恭喜這個女孩，因為她所面臨的事情，迫使她在這麼小年紀就開始嚴肅地思考：評價系統要放在自身之內！

吳：**自己最瞭解自己，所以要自己評價自己。**

沈：對，永遠不要等著別人來表揚你。

不要等著別人來表揚你

每個人都需要讚揚，每個人都需要聽好話，這是精神糧食，而精神糧食有時候比物質糧食更重要。但是，永遠不要等著別人來讚揚你，等著別人來給你說好話，因為很可能你做得非常努力、非常好，別人根本無動於衷，甚至根本不知道，那麼你的期待不就全落空了嗎？

我告訴她：「你肚子餓了，你自己去吃飯，不要等著別人來餵你。同樣的，你要學會自己讚揚自己，在精神上把自己餵飽、餵足、餵營養。」

學會自己讚揚自己

為什麼我一見面就先祝賀她，因為像她能在年齡這麼小就有機會被引導著早早把評價系統轉移到自身之內，這是很難得、很少見的。而只要把評價挪到自身之內了，任何打擊、任何磨難對她來說已經不可畏，這樣的人一生都能幸福、平安。

接著，我又提醒她：「你想想，你自己這麼需要讚揚，需要別人公正地對待你，那麼你自身之內呢？」

吳：自身之內？

沈：每個人身上有五十五億個細胞，數量相當於整個地球上的人類總和。

吳：噢，這個「自身之內」，跟前面把評價系統挪到「自身之內」那個不一樣？你現在是指身體裡的世界，對嗎？

沈：對。你的身體裡有五十五億個細胞，而每個細胞都會分裂，也就是說，每個細胞都有自己的上一代和下一代，代代相繼，生生不息。在這些細胞的眼裡，它們自己是個個體，而身體就是一個了不起的大世界，裡面有運輸系統，有發號命令的總部……

每個細胞都是個個體

身體是一個大世界

吳：等等，什麼運輸系統？什麼總部？

沈：你看呀，你如果要喝水，是不是要先找到個杯子，然後把手伸過去拿起杯子。光是從眼睛看到杯子到用手拿起杯子，這中間起碼會通過六層介層，一層一層傳遞，才能把訊息傳到大腦。而大腦收到訊息後，要進行龐大的計算和分析，然後做出一個巨大的指令系統，裡面包涵七億多個分指令，分別傳遞到該做出相應反應的細胞，最後才能讓你準確地伸手過去、拿起杯子。

你看，光是這麼一個簡單的動作，就得動用無數個細胞全力以赴地來支持你、協助你。而你有沒有想過，一整天下來，你身上的五十五億個細胞，花費多少力量才能盡心盡力地支持你做每一個指令、每一個動作？

但是，你讚揚過它們了沒有？

吳：沈老師，我怎麼覺得你這句話是專對我說的呀？

沈：哈哈！

那你有讚揚過你的身體嗎？

你有感謝你身上的五十五億個細胞嗎？

吳：沒有。

沈：這個女孩也沒有。

所以，我繼續跟她說：「你身體裡的五十五億個細胞和你一樣，也需要讚揚，也需要公正的對待和認可。如果一天下來，它們辛辛苦苦忙到最後，你輸進去的信息都是沮喪、不愉快和抱怨，完全沒有一點感謝，你想想，它們會怎麼樣？你說，久而久之它們會不會起來造反？」

吳：造反?!

沈：對呀，比如說，你早上想起床，它們誰也不動，偏不動，看你怎麼起床！

吳：哈！哈！

讚美身體裡的每個細胞

沈：所以，每天晚上你都應該表揚、讚美自己身體裡的每個細胞，讓它們覺得自己受到重視，覺得自己的努力工作沒有白費；每天早上起床呢，你也要鼓勵自己身體裡的每個細胞，讓它們振奮起來，歡歡喜喜展開一天的工作。

吳：這跟管理公司的道理一模一樣。

沈：你說對了。

最後，我跟那女孩說：「你現在已經知道受到冤屈的痛苦了，如果你希望公正，那麼你也要讓自己自身之內這五十五億個生命擁有公正；如果你希望得到讚美，你也要讚美自己自身之內這五十五億個細胞，因為它們天天、時時、分分、秒秒都在支撐你，都在盡心盡力為你工作。如果你希望這個世界是個蓮花世界，那麼你先把自身之內變成真正的

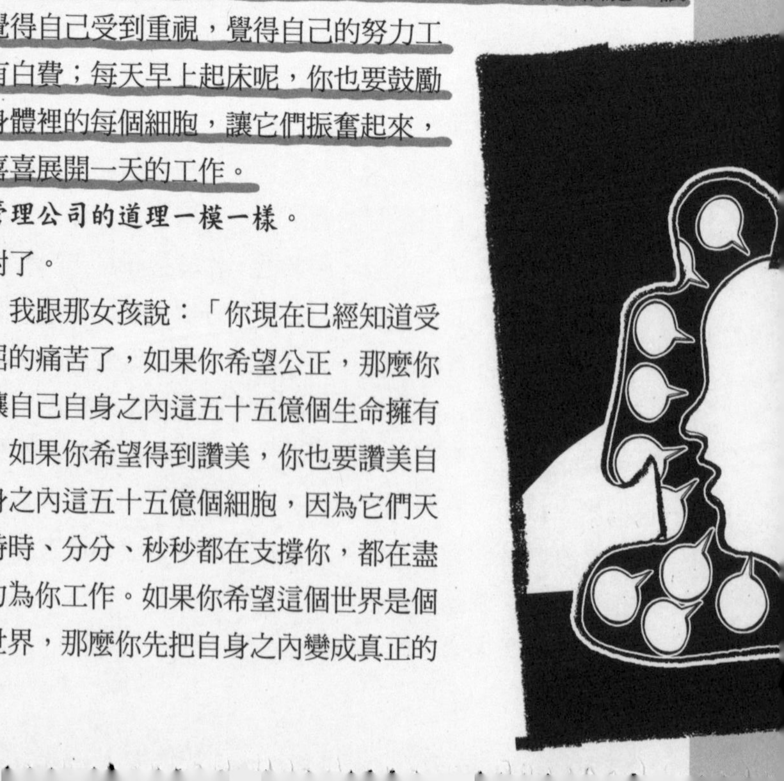

蓮花世界，一個充滿公正、和諧、健康、開心的蓮花世界。」

那個女孩聽我這麼說，眼睛越來越亮，在她身上一點也感覺不到剛到時那種想死的氣息，取而代之的是，渾身散發著開心的喜悅——她的心打開了！

回去以後，她照我說的，開始表揚自己，而且每天早晚表揚和鼓勵身上的每個細胞。結果，班上所有同學都傻眼了，因為她又恢復原本的自信，變得快活、積極、樂觀，而且就像原先她自己希望的那樣，順順利利考上了北大。

把自身之內變成真正的蓮花世界

吳：沈老師，你跟她談話的時候，有沒有運用功力幫她調整？

沈：沒有。

吳：就只有談天？

沈：只有談天。我不喜歡運用功力。實際上，每個人的智慧覺悟都是具足的，只有自己才能救自己。想要幫助一個人，一定要讓他自己去幫助自己，而不是靠誰去幫助他。靠了別人，他以後只會變得更加依賴別人、更加無助。

自己才能救自己
自己幫助自己

個體可以是了不起的整體，整體也可以是了不起的個體

吳：沈老師，你這個故事裡講了一個很棒的概念：世界是一個整體，而我們自己也是一個整體，對不對？

沈：對極了。

你要知道，整個人類世界就是一個整體，而在這同時，你這個個體也是一個整體。也就是說，個體是了不起的群體，群體也是了不起的個體，群體和個體之間是沒有分野的。

整個人類世界就是一個整體

個體也是一個整體

我們整個人類，在同一個場的共同效應之中，每個人的一哭一笑，開心或煩心，都會影響這個世界。同樣的道理，你自身之內也是一個群體，你身體裡的五十五億個生命組成了一個了不起的大世界。你想要這個人類世界如何善待你這個個體，你就要如何善待自身之內那五十五億個細胞；你想要這世間成為怎樣的蓮花世界，你就該先讓這五十五億個細胞成為一個蓮花世界。

善待自身

正見

正行

正確的行為

而這裡邊，首先就牽涉到正見。

吳：正見？對世界的正確見解？

沈：對。有了正見，你才能「正行」——正確的行為，才知道怎麼對待自己，怎麼自我定位。有了自我定位，你才能清楚知道自己是誰，知道自己和世界的關係，知道自己和自身之內的關係。

吳：在這裡，弄明白人這個個體與世界這個群體的相對關係，以及細胞這個個體與人體這個群體的相對關係，就是一種正見，是不是呢？

大腦就是天庭

天庭裡的細胞就是神

沈：是啊。你自身之內這五十五億個細胞全部有賴於你，它們沒有別的指望，只能依靠你。對於它們來說，高高在上的大腦就是天庭，天庭裡的細胞就是神，因為腦細胞是不會死的。

吳：腦細胞不會死？

沈：其實，大腦細胞也會死，只不過相對於身上的細胞來說，大腦細胞的生命週期太長太長了。如果一個人活八十歲，大腦細胞也活八十年。而相對的，身體細胞卻不停地分裂，不停地生、不停地死、不停地死、不停地生，一代又一代，一世又一世。

對身體細胞而言，它們隱隱覺得：天庭裡的神主宰著它們的命運。但是因為隔得太遠，它們看不見天庭裡的神，只能透過神經系統，接收天庭傳來的御旨，同時也透過神經系統，把身體裡各個部位的「人間疾苦」上傳到天庭裡。

瞭解自己的自身之內

瞭解這個宇宙

你看，人體之內是不是像極了一個具體而微的人世間？所以，你要了悟這個宇宙，不需要把眼睛往外看，一花一世界，更何況人體呢？只要你能透澈地瞭解自己的自身之內，其實也就透澈瞭解這個宇宙了。

吳：這也就是你說的全息，對不對？

沈：對，人體之內就是一個全息元，就是一個完整的世界。

吳：懂了。

■心打開了，你就有普照眾生的能力

沈：我把這些道理跟那個女孩好好談了一遍，之後沒多久，她的父母就打電話來告訴我：「我女兒現在整個人變得都不一樣了。」

吳：哦？

沈：他們說，跟我談完之後不久，他們和女兒一起參加一個旅遊團。這個旅遊團的服務不怎麼好，老帶大家到一些不太好玩的地方，跟原先廣告宣傳根本不一樣。本來大家都是抱著很美好的願望出來玩的，結果預想落空，人人都一肚子氣，特別特別的不開心。有一天，車子開在山路上，整個車廂裡氣氛憋閉得不得了，大家的怨氣幾乎到了爆發點。就在這個一觸即發的時候，那個女孩站出來化解局面。

化解局面

吳：真的？!

沈：連她的父母當時都很吃驚，沒想到自己的女兒會這麼做。她站起來說：「路上沒什麼事，我給大家講個故事吧。」其實，那個故事是我之前講給她聽的。

吳：你講的？

沈：對。那個女孩跟我談完之後還有接觸，一有困擾的事就會打電話來聊聊。

這個故事講的是一對父母帶雙胞胎女兒到別墅玩的事。他們的別墅叫作「玫瑰別墅」，裡面種滿了玫瑰花。一到別墅，兩個女兒撒腿就跑去玩了。不一會兒，大女兒跑回來，很不高興地跟爸爸媽媽說：「我不喜歡這個地方！」爸爸媽媽很驚訝，說：「這裡到處都是花，很美呀。」大女兒卻說：「可是，每朵花下面都有刺，我不喜歡！」說完，跑回自己房間，啪的把門關上了。

花下面都有刺

又過了一會兒，小女兒衝進來，興奮地大叫：「爸！媽！我好喜歡這個地方！」爸爸媽媽覺得很奇怪，剛剛大女兒才抱怨到處都有刺，怎麼小女兒反而說很喜歡呢？小女兒卻說：「刺上面都有花啊！花很美，我很喜歡！」

刺上面都有花

眼光落在哪兒

故事講完了，那個女孩跟旅遊團的同伴們說：「其實，我們的眼光落在哪兒，才是最重要的。如果我們眼光落在不高興、不愉快的事情上，這些事情就把我們的心鎖住，我們也就被它困住了。實際上，沿途還是有許多很美很美的景致，不是嗎？如果我們把

眼光落在那些美好的事情、美好的風景上……」

吳：那就完全不一樣了。

沈：一點也沒錯。

這個世界是全面的，它有無數美好的東西，也有無數醜陋的東西，關鍵是你的眼光要落在哪兒。比如到公園散步，你的眼睛專盯著臭狗屎看，發現這裡有臭狗屎，那裡也有臭狗屎。人家問你：「公園裡有什麼？」你當然說：「公園裡到處都是臭狗屎！」可是，公園裡還有很多鮮花呀，你怎麼不看看鮮花？

臭狗屎
鮮花

雖然每個人心裡都明白，應該多看看事物美好的一面，但日常生活中，我們卻往往容易被一些不愉快的事情給困住，弄得整個人很不高興，就像旅行團一開始那樣。藉由講故事，那個女孩提醒了大家：哎呀，沿途的風景很美、很美的，大家看看美美的風景吧！

吳：好棒！

沈：就這樣，旅遊團的氣氛開始轉變了，大家越玩越開心，領隊的服務好不好完全影響不了他們的興致，等到回程時，整個旅遊團的團員之間變得非常非常親。

展現智慧覺悟
心覺悟了
心打開了
已經是佛了
利益眾生
生生不息

這就是智慧覺悟的一種展現。當一個人的心覺悟了，當他的心打開了，他已經是佛了。他已經有普照的能力，有利益周圍的能力。而周圍被他利益的人，還會再去利益他們的周圍。所以，利益眾生不是一個空的概念，它是一浪推一浪、生生不息、不斷互動的概念。

吳：那個女孩真的不一樣了，變成熟了。

沈：是呀。她的父母甚至很感慨地跟我說：「她現在的成熟度遠遠超過我們。」我記得有一次，她打電話給我時談起北大和電視媒體合作一個節目，結果選中她當主持人……

吳：那時她上北大了？

沈：對，她上大學了。她被選上當主持人後，身邊所有人都覺得這是一個很難得的機會，她自己也這麼認為，只是時間有點不巧，學校要考試了。你知道的，大學考試一考都是好幾門課一起考的，課業也是很重的。於是，她就陷入兩難中，心裡有點矛盾，不知選哪個好。

她打電話來問我：「該怎麼辦？」

哪一件是能夠放下的？

我跟她說：「你先想一想，這兩件事，哪一件是能夠放下的？哪一件是不能放下的？」

她說：「考試是放不下的。」

也就是說，要是她去做主持人，還是會整天擔心考試，最後也還是得去考，那肯定考不好。當主持人需要投入精神，在這種情況下，因為一直有一件事情懸在心裡，始終放不下考試，她當主持人很可能也當不好。

對她來說，當主持人是可以放下的，說放下就放下了，這件事也就不存在了。這麼一來，她可以紮紮實實去準備考試，把自己的實力和潛力發揮出來。

我跟她這麼一分析，她馬上就不矛盾了，一下子就放下了。

我覺得那個女孩現在無非是在慢慢學會怎麼去做判斷，怎麼去做選擇，怎樣使自己少一些罣礙，少一些掙扎，少一些矛盾，這樣她就能多一些開心。不然，她一直處在矛盾當中，不懂得選擇，不知道哪個能放下，她很可能輕易就做出一個選擇來，而這個選擇很可能是兩頭都放不下、兩頭都做不好，那麼，想要開心就很難了。

■在心田種滿鮮花

吳：沈老師，你講的這些故事，應該也說給小朋友聽，會讓他們一生受益無窮。

真的，像我就一直記得小時候看過的一些故事，那些故事對我的做人處事影響都很大。

心就是一塊田

沈：所以我們常說「心田」，心就是一塊田，你往裡面種什麼，它就長什麼。

吳：對。

沈：既然說到心田，我就說個心田的故事給你聽聽。

吳：太好了。

沈：有個師父有三個弟子，這三個弟子跟著他修行很多年了。這一天，師父決定考核一下三個弟子，看看各人的修為如何。於是，他分給每個弟子一塊田，說：「在這一年裡，我隨時會來檢查。」然後師父就走了。

大弟子想：「我一個月除一次草。那麼，師父每個月來檢查的時候，我的田裡就不會有雜草。」

二弟子覺得：「一個月太長，我一星期除一次草好了。」

小弟子考慮得更細，他想：「勤能補拙，我天天除草，不管師父哪天來，都不會看到雜草。」

一年後，師父終於來檢查弟子們的田。結果大弟子的田裡，不用說，田裡的雜草肯定比二弟子和小弟子的多。二弟子的田裡，雜草比大弟子的稍微少點。至於小弟子的，雖然雜草很少很少，但還是有幾根冒出來的小草。

師父巡查完三個弟子的田之後，沒說什麼，只跟三人說：「你們跟我來，到我的田裡去看看！」他給自己也留了一塊田。

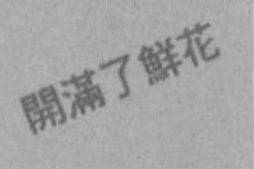

三個弟子跟著師父，到師父的田裡一看，發現師父的田裡開滿了鮮花，根本沒地方長雜草！上哪兒找雜草呀！

心就是一塊田，你撒上什麼種子，它就長什麼。如果你撒的都是鮮花的種子，讓田裡每個

地方都開滿了鮮花，雜草還有地方生根嗎？

所以說，人生實際上是一個積極進取的過程，你主動地放入好東西，那麼壞東西就沒處生長了。如果你像和尚一樣，守十八戒、三十六戒、四十八戒、一百零八戒……很可能戒來戒去，還是雜草叢生，雜念還是分分秒秒地冒出來。

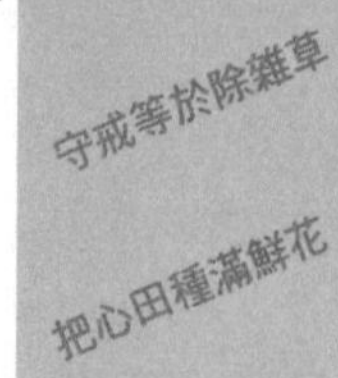

吳：**你的意思是說：守戒等於除雜草？**

沈：嗯。

吳：**相反的，如果把心田種滿鮮花，根本不需要守什麼戒，對嗎？**

沈：是呀。當你心裡充滿陽光，充滿愛，根本不可能去做損人不利己的事情，這時候你根本不用守什麼戒，做什麼都不會有問題。

吳：**沈老師，照你這麼說，本性就是可以改變的，對不對？**

沈：嗯。

吳：**可是在很多人的定義裡，本性難移，本性就是本性，是不可能改變的。而你的意思是說：只要每天累積好的、開心的，就可以從有到無，又從無形到有形變成好的本性了。是這樣嗎？**

宇宙是一個動態模型

沒有一件事會是靜止的

沈：有一件事你說對了，也是我一直在說的：這個宇宙是一個動態模型，所以你要用動態模型的概念去理解世上的每一個人、每一件事。也就是說，沒有一件事會是靜止的，它永遠在動、永遠在過程中間。這是第一。

第二呢，牽涉到我在前面講到密藏系統和遺傳系統。當你想要瞭解一個人的時候，首先可以把他一分為二：一是大系統給他的部分，也就是宇宙的全信息，這是他的密藏系統。

另一部分則是他的遺傳系統，而遺傳系統又可以再一分為二：一部分是他的元神不斷轉世積累的經驗；另一部分是他的血脈一代一代積累的經驗。比如說，你繼

承了你父親身上的細胞，也就繼承了他的全部信息，他的知性系統、感性系統、稟賦系統……都以最精密的方式儲存成信息遺傳給了你。那麼，順著這條遺傳系統，你爺爺、你爺爺的爺爺、你的祖祖輩輩……所有的信息從來沒有間斷過。

信息從來沒有間斷過

所以，實際上隨著一個人的出生，你是帶著個體的元神系統、血脈系統，再加上大系統賦予的密藏系統一起面對這個世界的。但是，從你開始面對這個世界起，情況又不一樣了。

這個時候，你的元神系統、血脈系統、密藏系統可以看作內部，而相對的，你所面對的世界就成了外部。內部和外部會互相交涉，那是一個非常豐富多采的組合過程和互動過程。

內部和外部會互相交涉

就像前面我講過的，人世間有很多不好的東西，也有很多好的東西，不好的東西能在你的心田裡冒芽生根，同樣的，好的東西也能在你的心田裡冒芽生長。這個時候，你的內部系統中顯像在外的血脈系統、元神系統，會和外界系統產生互動，而一互動，很可能便產生了衝突。很多人終其一生主要都不是生活在外部世界裡，而是生活在自身之內的這種衝突、矛盾中，結果所有的能量非但沒有施展出來，反而全被這樣的自我掙扎內耗光了。

可是，如果你能完完全全、清清楚楚瞭解所有系統之間的關係，懂得善用自己內部的三個系統、善用外界的良性信息，然後懂得把評價系統非常果斷、確切地還原到自身之內，營造自身之內的蓮花世界，那麼你就能夠活得很開心，能夠用開心去利益周圍的人，再由周圍的人一層一層往外去利益眾生、利益世界的一草一木。但相反的，這裡邊只要有一點點屏蔽和障礙，原本一帆風順的一個人，很可能一個浪頭打過來就能把他掀翻。

三個系統
良性信息
評價系統
自身之內
蓮花世界

所以呀，當我討論一個人的時候，我從來不把他當成是一個簡單的個體，因為那樣太含糊了——就像唐朝佛教界爭論佛性是否具全一樣，對象都沒弄清楚，怎麼討論得出結果呢？

現在你問我本性，那麼就要先清楚「自我」，而所謂自我，所包涵的內容可多了。

吳：所以，自我等於說是那個剎那、那個當下，你和大宇宙互動、你

和世界互動的結果？是……天時、地利、人和？

沈：對呀！

吳：噢～～

所以說，人本身是沒有一個本性，也沒有一個簡單的我，是不是呢？

沈：對，沒有一個簡單的我。

吳：我，是由好幾個部分不斷組合、不斷互動……

沈：對，否則人也就不會自我矛盾了。你想想，為什麼一個人主要的掙扎往往是自我掙扎？主要的矛盾往往是自我矛盾？因為來自外界的掙扎和矛盾是有可能躲開的，躲到寺廟裡去、削髮為尼不就行了？但，你躲不開自己呀。

躲不開自己

吳：嗯，人是躲不開自己的。

■開心是最好的良藥

吳：好，我們再回頭談開心。

沈：前面我們講開心，主要側重在心理上，實際上一個人開心或不開心，也會對身體造成影響。

有一次，我的一位老朋友打電話給我。我光聽聲音就覺得他的狀況很不好，於是我問：「你怎麼了？」他說：「我想上你那兒坐一會兒。」我又問：「你到底出了什麼事？」他還是說：「我想上你那兒坐一會兒。」我只好說：「好，那你就來吧！」

他來了之後，跟我說前陣子他做了身體檢查。醫生發現他的腦血管阻塞了，本來是要做腦血管搭橋手術，把血管撐開的，但做過精密的全腦血管造影檢查後，卻只能放棄動手術。

吳：為什麼？

沈：阻塞的血管太多了，手術過程來不及給那麼多血管搭橋。

醫生告訴我的朋友：「你現在只能吃藥。」他問醫生：「吃了藥，我的病會好嗎？」醫生很坦白地說：「不會，只能盡可能使你的病情進程延緩，它只會越來越壞。但是，這個藥是目前世界上最好的藥。」

我這位朋友年紀不是太大，還有許多願望想要去完成的，一下子面臨這樣的情況，變得非常沮喪。他覺得醫生救不了他，藥也幫不了他，他現在就已經很不好了，以後只會變得越來越不好……
聽完他的敘述，我卻有完全不一樣的看法。

自己救自己

我告訴朋友：「醫生是救不了你，但是不等於你自己救不了你自己。」

吳：自己可以救自己?!

沈：對！這其中，最最重要的就是——要開心！

內嗎啡

當一個人開心的時候，體內會分泌出一種內嗎啡，自動地修復體內所有受損部分。俗話不就說：「笑一笑，十年少」嗎？
相反的，當一個人傷心、怨恨、心煩的時候，體內分泌的不是內嗎啡，而是一種毒素，一種會破壞身體各個系統的毒素。
大自然是自有一套淘汰法則的。為了節約生存資源，它會讓振奮的、自強的生命擁有更多的生存機會和生存空間，而沮喪的、悲觀的則盡可能快點消失。

積極向上

這種節約資源的機制，同樣深植在人的身體裡。如果你積極向上，好，就讓你更健康，身體立刻分泌出內嗎啡，修復身體各部分。但是，如果你對自己都不抱希望，每天悲觀、失望，那身體就分泌出毒素來，讓你盡快解體，把大自然的資源和空間讓給那些積極向上的人。大自然的設計就是這麼精明、這麼實在。

開心是良藥
自己才是神醫

所以，我跟這位朋友說：「開心是良藥，自己才是神醫。如果這個世界上沒有藥可以救你了，那麼開心肯定是最後、也是最好的藥。」

吳：只要開心就有轉機?!

沈：對。人的自身之內就像一個國家，免疫系統就像國家的軍隊、警察，細菌、病毒則是入侵者。而藥這種東西，相當於外來的雇用軍。只靠外來的雇用軍，怎麼打得了勝仗呢？

吳：那要怎麼打？

關鍵在你的大腦

沈：戰勝疾病的關鍵在你的大腦、你的指揮部，也就是在你的天庭。如果說你的天庭能夠開心，那麼你身上每一個子民、每一個百姓

2003年10月8日 # 第三回

三心二意

沈：我們常說：「做事情要一心一意，做人要一心一意」，但是有時候一心一意還不夠，得「三心二意」。

吳：你說的三心二意是什麼意思？

沈：三心指的是「方便心」、「敬愛心」和「平常心」。

吳：二意呢？

沈：二意是「誠意」和「創意」。

一個人想要始終保持開心，這三心二意是不能缺少的。

方便心
敬愛心
平常心
誠意和創意

播下善種子，終有善果子

吳：那我們是不是從頭講起？

方便心是指什麼？

沈：方便心啊，比方說吧，有一個人開車進了一條胡同，結果發現有輛自行車在前面擋著。如果這位自行車騎士有方便心，他一看，哎喲，後面有車來了，他會主動往邊上靠……

胡同
自行車

吳：給人家方便。

沈：對。他主動往邊上這麼一靠，汽車也就順利開過去了。由於他是主動給人方便的，是抱著善意這樣做的，所以當汽車順利開過去時，他的心裡會輕輕地觸動了一下。這輕輕的一觸動，很可能一顆善種子便種下了，說不定什麼時候，這個善種子就能結出善果來。也許自行車騎士後來根本忘了這回事，但善種子只要種下去，早晚都會結出善果來。

給人方便
善種子
善果

但相反的，如果自行車騎士沒有方便心呢？

吳：**胡同就給堵死了吧？**

沈：是呀。自行車騎士心想：「嘿嘿，平常開汽車很神氣，今天你沒輒了吧？我就是不讓你，看你怎麼著！」後面開車的人一看，自行車不讓路，他著急呀，立刻按喇叭，叭！叭！叭！

給這喇叭聲一刺激，自行車騎士定然會從內心深處生出抵觸心來。結果，後面的汽車司機使勁按喇叭，前面的自行車騎士隨著叭、叭、叭的聲音，心裡使勁抵觸。這一抵觸，一顆惡種子就這麼種下了。同樣的，說不定什麼時候，在某個意想不到的時候，這顆惡種子便長出了惡果來。

你要知道，當一個人用心去抵觸某件事情，實際上對自己來說是會發生許多扭曲的。這些扭曲，從一個點開始，會慢慢延伸，然後進一步擴大。好事情會慢慢發展，形成好結果，壞事情同樣也會發展，它會自己尋找途徑和通道，最後形成一個惡果。很可能這個自行車騎士哪天去做身體檢查時，醫生會告訴他：「唉喲！你得癌症了。」

抵觸心

也就是說，一顆種子種下去，遇到適當的氣候、適當的環境，它就會慢慢長大。如果是善種子，最後會結出善果，是惡種子就結出惡果。自行車騎士怎麼也想不到，這個惡果的源頭，就是當初自己少了那麼一點方便心。

惡種子

惡果

吳：**實際上，方便心說的是對人心懷善意，對不對？**

沈：對。一個人有了方便心，他會時常在不經意間種下善種子。而且，方便心往往不是故意去討好，也不是刻意去做好事，當然也不是為了求回報，它就只是單純的與人方便而已。而這種看起來最平淡、最不經意的舉動，有時候比刻意去做的善行還要了不起。

不經意

吳：是因為他沒有要求，也沒有懷什麼目的，只是很單純出於善心，對嗎？

沈：對。

吳：這跟昨天你說的「悟」是「本心」，是化有為無的境界，是一樣的道理？

沈：對！對！對！

■對上位者，當天去敬；對下位者，當地去愛

吳：那……敬愛心呢？敬愛心又怎麼解釋？

有類似的故事嗎？

沈：有呀。

有一次，有個人透過朋友介紹，半夜三點匆匆忙忙來找我。那個人博士出身，年齡不大，三十七、八歲，看起來很能幹。他的專業背景很強，解決問題的能力也很強，幾乎是調到哪兒，那裡的問題就解決了，所以年紀輕輕就被提拔為當地主管金融的第一把手。

能幹

但是，像他這樣的人，有時候也比較固執，能幹是能幹，但專業以外的事情就不太用心考慮了。他來找我就是因為他和主管他的市長發生一些矛盾，市長因此派人安插到他身邊，讓他承受了很大壓力。你要知道，對主管財政金融的人來說，弄到上頭派人來查你，那事情可以說是非常嚴重，也非常危險了。所以，他很著急，一託人找到我，半夜就跑來見我了。

固執

矛盾

一看到我，他憤憤不平跟我講了他跟主管的關係和發生的事。我聽他從頭到尾講完以後，認為應該跟他坦誠相告比較好，所以直接說道：「這還是要怪你自己不好。」

怪你自己

吳：哦？要怪他自己？

沈：對，我說：「還是要怪你自己，因為你沒有敬愛心。」他當時一聽，很生氣，說：「敬愛也要看是什麼人，像他那種人，又沒本事，還要整人，你叫我怎麼敬愛他？」

沒有敬愛心

我跟他說：「如果一個人有才有德，又做到你的上位，這固然值

得敬佩。但是，如果一個人真的無才無德，卻能做到你的上位，那就是天命所在了。人事你可以不敬，天命你能不敬嗎？」

天命所在

這個人悟性很好，沒有再問第二句話，立刻說：「哎！沈先生，我明白了，我明白了。」轉身就回去了。

吳：就走了？

沈：走了。第二天晚上，他又打電話來了。

敬愛心的力量

那天是星期天，他打電話告訴我：「沈先生，沒想到敬愛心的力量這麼大呀！」

原來，白天他去見市長了。當他往市長面前一坐，兩眼充滿敬愛之情，雖然吭吭巴巴地，話也說不清楚了，但市長一看，卻很高興，說：「這樣很好，年輕人嘛，有再大的本事也應該要謙和。沒事了，你回去吧！」

其實在這之前，他也去見過市長。當時大家都勸他：「你要多說些好聽話，否則會出問題的。」那次，他一坐到市長面前，嘴裡說得比蜜糖還甜，但兩眼充滿了怨妒之情。你想想，人家能做到市長，也許別的本事沒有，但對人的感覺肯定是一流的。市長看他這樣子，當時心裡肯定會想：「今天要是放你一馬，日後還得了？」

吳：而這次去見市長，情況卻完全不同了。

沈：對呀。他打電話告訴我：「沒想到敬愛心有這麼大力量，我還沒說幾句話呢，居然就沒事了。」

我說：「當然啊，就像你說的，他自己又沒本事，你對他又這麼敬愛，他用你還來不及，為什麼要整你？」

吳：**但首先你得有敬愛心。**

沈：沒錯。

很多人喜歡去區別哪個領導好、哪個領導不好，覺得對自己路子的領導，就敬愛人家，有什麼任務交代下來，會盡心盡力做好；覺得不對他路子的領導，即使人家對他不錯，但他就是抵觸人家，也不怎麼愛理人家。其實，這麼做會導致他與上位者之間的矛盾，而與上位者的矛盾，最後的惡果由誰來承受呢？還不是你自己！

所以，對於在你上位的人，你就把他當成天去敬；而在你下位的人，你就把他當成地去愛，用不著去做分別。

吳：**嗯。對上位者，當天去敬；對下位者，當地去愛……**

對上位者，當天去敬。

對下位者，當地去愛。

沈：就好比對父母親，你用不著去分別母親對還是不對、父親好還是不好，他們在你的上位，你敬愛他們就對了。這麼一來，你會少很多煩惱，也會少很多矛盾。否則你得有多吃力呀，一會兒想著：這個領導雖然人不好，可偏偏他對我很不錯，我該怎麼辦呀？一會兒又想著：那個領導人好是好，可他怎麼不太理睬我呀？整天心裡盤算著這個人怎麼對待，那個人該怎麼應付，不是把自己弄得很累，心裡也很矛盾嗎？

其實根本不必這麼累，對於上位者，你就像對上天抱敬愛之心就對了，這樣不但你心裡輕鬆、沒負擔，你的上位者們之間也會一片平和。而所有的這些事情呢，已經是在做功德了。

吳：**你說得好棒。**

那麼，平常心呢？平常心又是什麼？

用平常心打開生命的框架

沈：你覺得「平常」是什麼意思？

吳：**平常就是不特殊，沒什麼了不起。**

沈：這也是一種解釋。

我們人類常常自認為是萬物之靈，覺得自己非常了不起，顯露出自大的心理。其實，如果我們深入瞭解這個世界，會發現人類其實沒有自己想像的那麼了不起。

吳：怎麼說？

沈：就拿一棵小草來說，小草要破土而出，它稚嫩的芽必須衝破非常堅實的凍土。光這一點，人類就很難做到。我們不是常說自己是佛種子嗎？那你這個佛種子敢不敢破殼而出呢？敢不敢像小草一樣，用最稚嫩的一面去面對堅實的凍土，然後衝破凍土冒出來呢？很多人到死都還是一顆種子，就是因為不敢破殼，不敢面對艱困的環境。但是一棵小草卻有勇氣這麼做，而且每年這麼做，處處這麼做，以自己的生命歷程為人類現身說法何謂破殼而出。

小草

佛種子

破殼而出

不只這樣子。面對惡劣的環境，小草還展現出了能屈能伸、有張有弛的生存智慧。冬天的時候，它們蟄伏在凍土下的根會連結成一片，如織地毯般把一株株小草團結在一起，化個體成群體，合力度過寒冬。而等春天一來，環境變好了，它們又立刻變回個體，各自展現自己的風采。

小草且不說了，一棵樹往那兒一站，動都不用動，就能活上幾百年、上千年，與天地合而為一。而人類呢，奔波來，奔波去，多麼辛苦，但一百年不到就死了。你說，到底是人先進，還是樹先進？

樹

吳：呵呵！

沈：蟲子更不得了。

蟲子

蟲子一開始是水生動物，後來從水裡爬上來，變成爬行動物，到了一定時候，牠們居然會自己閉關，結一個繭，把自己封閉起來。最後，閉關完成，破殼而出，長出一對翅膀，立刻就升天了！

你想想，牠們的一生那麼短，卻能不斷地進取，一步一步提升自己。小小的蟲子都能有這樣的悟性，而人呢？很多人都知道閉關到一定程度就能夠升天，但誰肯去閉關？儘管人人都想升天。

從這些例子來看，人類實在沒什麼可自以為了不起的。如果你真能洞察世界萬物，還敢居高臨下去看任何事、任何人嗎？還能不以平常心去對待世間萬物？

洞察世界萬物

如果你能抱持一顆平常心、主動去和樹交朋友，打開生命的框架，你的生活不是更加開闊了嗎？心胸不是更寬闊了嗎？而且我相信樹真的會給你很多能量。你去看它的時候，很可能它的樹葉都會顫動，它會表達它的愛、它的歡喜，因為幾百年來，你可能是第一個主動走上來，以平常心對它，以平常心和它交朋友的人。

吳：**植物真的能表達歡喜？**

沈：當然，植物和人一樣都有感情，它們能接收到信息，也能根據信息做出反應。

科學家就做過這麼一個實驗。他們把植物和測量儀器連結在一起，然後實驗員在植物旁邊討論：「這棵植物一直不結果子，也不開花，不要它了！」植物立刻在儀器上反映出恐懼的波長。這時，有實驗員又說：「算了，還是給它機會吧！」結果，儀器馬上出現和諧的波長。

不結果子
不開花
不要它了
恐懼的波長
和諧的波長

第二天做實驗時，實驗員們改用另一種策略。他們不說話，只是在腦子想：「不行，還是把它砍了吧！」植物接收到人類發出的腦電波，同樣有反應，立刻在儀器上反映出恐懼的波長。這時，換另一個實驗員在腦子裡想著：「哎呀，還是把它留著吧！」果然，植物的反應馬上不一樣了，儀器上出現和諧的波長。

你說，為什麼有些人種的植物長得很好，有些人種的長不好呢？大家同樣都看書，同樣都研究怎麼養花蒔草，怎麼結果就這麼不同呢？原因就在於你有沒有愛它、喜歡它。植物是有感情的，如果植物感受到你的愛和呵護，它們會很開心，會因此生機勃勃，長得很好。

吳：**你的意思是，平常心相當於是一種萬物皆平等的心態？**

沈：大家要知道，人其實並不是萬物之尊，而你自己呢，也不是萬人之尊。物與物之間，人與人之間，是各有各的特點的。一草一木一蟲尚且如此，更何況是人呢?!

吳：沈老師，聽到這裡，我覺得你講的平常心跟我們一般理解的平常心不一樣耶。

到底，平常心本身該怎麼解釋？

平常心

沈：實際上平常心涵蓋了兩個層面，一個是空間層面，一個是時間層面。

空間層面

在空間層面上來說，世界萬物都是平等的。只有透澈地理解這個世界，你才能保持平常心，才不會狂妄地把自己放在一個不適當的位置，去和世界萬物對立、抵觸。對立和抵觸只會使你自己在無形中受到壓抑，讓你不能真正地開放自己的心胸和心靈。

世界萬物都是平等

如果你能把世界萬物都看成平等，都用一種平常心去對待，那麼這個世界對你才是真正開放的，你的內心才會真正舒暢、舒展，你才能真正地開心。

就像我前面說的，你不能光是交人的朋友，還要交幾個樹朋友。不開心的時候，你可以到樹朋友那兒去，和它交流交流。這樣一來，你到這個世界上就不再會孤獨了。孤獨是因為始終把自己孤立起來。

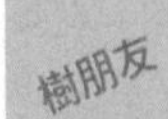

吳：也就是說，從空間層面來講，人不該自尊自大，要把這世界的萬物視為平等，用平常心去對待？

沈：對。

吳：那時間層面講的是什麼？

沈：時間層面呢……不是常有類似這樣的故事嗎？說某個宰相正在下棋，忽然外面有人來報：「大喜呀，邊關大捷了！」宰相聽到這樣的喜訊卻恍若未聞，繼續心平氣和地、專心一意地下他的棋。直到棋下完了，他才趿著鞋，叭啦叭啦地跑出去處理。這故事說

時間層面

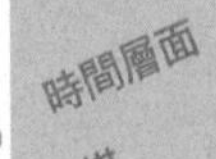

的就是平常心的時間層面。也就是說，無論在什麼樣的情況下，管它是福也好、是禍也好，你都要能保持平常心。

福也好
禍也好
平常心

吳：你的意思是，時間層面講的是在情況不平常的時候，我們還是要能保持平常的心態？

沈：對！日常生活裡，總會有不平常的情況發生，那麼事情發生時，最現實的問題就是：你該怎麼保持平常心？

比如說，你走在大街上，有個人走過來無緣無故踢你一腳。你怎麼辦？難不成就上去回踢他一腳？你又不知道對方是什麼動機、什麼來頭，也弄不清楚怎麼回事；可是如果不上去回他一腳，難道就只能忍了？

我始終是反對忍的。我覺得忍是最不好的事，因為忍是把不良信息壓迫到心裡，傷害自己，有時候還會轉嫁到別人身上，去傷害別人。

吳：不忍能怎麼辦？

修鍊

沈：你平常不老說要修鍊嗎？不老說：人來到這世上，就是在修鍊自己嗎？一個人的心胸氣度、一個人的修養可不會憑空掉下來，這都是自己一點一點修習來的。可是心胸、氣度、修養這些東西，如果沒有法器來檢驗，怎麼知道已練到什麼程度。人家無緣無故上來踢你一腳，這就是送法器來了！如果這一瞬間，你能夠如如不動，保持平常心，那麼這一瞬間你的提升，比打坐修鍊十年還了不起。

法器
如如不動

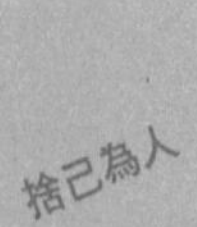

而那個無緣無故踢你一腳的人，可是犧牲了自己的福報來成就你。什麼叫捨己為人，這就是捨己為人。你敬他、愛他、感謝他還來不及，還生什麼氣呢？這種事可不是天天有。

吳：哈哈哈！

沈：不然，我們老說自己在修鍊，可是修鍊到什麼程度了都不知道，豈不都是空的、虛的？現在有法器自動送上門了，怎能不感謝？一個人能有這種想法，就代表他有正見。人生很多事都要靠正見、靠智慧覺悟。有了正見，有了智慧覺悟，你就不需要忍了。無論在福的情況、禍的情況，遇到什麼事情，碰到什麼樣的人，你都能依靠正見，用一顆平常心去面對，那麼你會少很多煩惱，多出很多機會。

正見
智慧覺悟

從這個角度來說，平常心的時間層面，就像面對命運一樣……

命運

吳：啊，命運?! 怎麼說的？

運命之道：起而伏之，伏而起之

沈：時間層面就是指不同時間會有不同事情發生，命運不也如此？禍和福往往會在意想不到的時候落到你身上。那麼，面對這種一下好、一下壞的情況，你怎麼保持平常心？這就要看運命了。

運命

吳：運命?!

沈：對。這個世界上所有東西都是兩兩相對，沒有一樣是孤立的。所以，有天就有地，有陰就有陽，有左就有右，有手心就有手背，那麼有命運，自然也就有運命。

所謂命運，就是禍和福常常在你意想不到的時候降臨，這是一個基本事實，想要否定它，也沒有什麼意義。但人世間不能只有命運呀，否則大家坐著等死得了，還有什麼意義呢？所以，有命運，就必然有和命運相反的一面、相對應的一面，那就是運命。

吳：那麼，運命是什麼？

沈：運命就是無論在福或禍、好或壞的情況下，你都能夠很好地把持自己的心智。就像我剛才說的，你的心安定下來，定能生慧，然後不斷地往好的、正確的方面去運作，這就是運命。

定能生慧

但是，人世間也不能只有運命，否則誰想怎麼運就怎麼運，那不天下大亂了？所以，只有命運和運命相結合，才能產生多采多姿的人生，才能體現你此生的價值。

命運和運命相結合

吳：等於命運是被動，運命是主動？

打牌
出牌

沈：對。命運和運命就好像打牌一樣，你拿到什麼牌，要拿到手裡才知道，這是命運；但是你怎麼出牌，這就是運命了。也許你拿到的是一手好牌，但是你亂出牌，最後就成了敗局。相反的，一開始你拿到的牌也許平平，但是每次出牌都很有智慧，難保最後你不會成為贏家。這就是命運和運命的辯證關係。

吳：但是，要怎麼樣運命呢？

沈：運命也有運命之道，我們稱為「起伏之道」。

吳：起伏之道？

沈：起伏之道就兩句話：「起而伏之，伏而起之」。當命運往上走的時候，是上天給你一個機會，讓你學習伏低的能力，也就是學會如何戰戰兢兢、如何謙恭、如何低調。這是起而伏之。

起而伏之
伏而起之

相反的，當命運往下走的時候，是上天給你一個機會，提高你挺直腰桿的能力。也就是說，身處逆境時，你要能提起勇氣和自信，挺起胸膛和腰桿去面對。這是伏而起之。

哪怕騎一匹馬也是這樣，當馬往上竄高，你一定要把身子伏低，否則肯定一下子就滾下馬背。但是當馬往下竄低時，你反而要把自己的腰桿挺直了。

吳：這是不是說，從面對命運的過程中，我們可以提升兩種能力？

沈：對。

吳：在順境時，我們要學會伏低，學會謙恭……

沈：對、對。

吳：而在逆境時，我們要學會奮起，學會提起勇氣和信心。

沈：非常對！

一種是謙卑低伏的能力；一種是提起信心、挺直腰桿的能力。面對逆境，你要挺起來；當命運往上走，你反而要低伏。這就是「起而伏之、伏而起之」。

你要是能看透這些，禍福都是平常，都是上天從不同的側面、不同的角度，給你機會，讓你來提升自己。如果懂得起伏之道，那等於一生始終在坐乘風船，無論風浪從哪邊來，你都會旋動自己的風帆，最後直達目標。

吳：**我懂了。**

沈：實際上，我講三心二意也是在講智慧覺悟，而智慧覺悟是開心的基礎。沒有這些智慧覺悟，遇到禍就傷心、著急，反而是伏而伏之，整個人的情緒、意志全都跟著沉淪下去。哪一天運勢起來了，又不懂得低伏，反而趾高氣昂，起而起之，很快也會摔下去。這樣一來，你很難始終保持開心。

生死很平常，只是元神搬個家

吳：**沈老師，我能不能問一個私人問題？**

沈：你說。

吳：**我媽媽九十歲了，只要一吃得不對，大腸就會大量出血。每次我一聽到她出血，送她到醫院後兩小時，我一定發高燒。我老師就罵我，說我心不靜，每一次聽到媽媽生病，全身立刻繃緊，緊張起來，而且給自己的信息都是負面的，因此人就虛了，病邪就乘虛而入。**

媽媽生病

沈：這就是缺乏平常心。

吳：**對。但是在這種情況下，我該怎麼保持平常心呢？**

沈：首先，你對生死要有正確的見解，一定要明白：生死是平常的。如果你看不開生死，覺得生就是生，死就是死，不能把生死視作平常，那又怎麼可能對它抱持平常心呢？

生死是平常的

實際上，身體只是一個房子，再好的房子也會慢慢變老、變破舊。房子破舊了，不就是得搬新家嗎？而且即使搬了新家，新家慢慢也會變老、變破舊，你還是得再搬家。從這個角度來說，生死是很平常的，只是元神搬個家而已。

身體只是一個房子

元神搬個家

吳：**我明白這個道理。但是我非常愛我媽媽，我怎麼可能不做一切救她？我有責任救她，不是嗎？**

沈：你一定要把孝心和這件事分開來看。對你來說，你應該去盡孝心

換房子

，但對你母親來說，如果她需要換房子了，那麼你一定要讓她換房子。你不能讓她的元神老是住在一個又破又舊的房子裡，那不是好事。她的元神換了新房子，才有可能獲得新生命，也才能去承擔新的使命，否則新使命永遠不能開始。

新生命

吳：而這和盡到為人子女的責任無關？

沈：和責任無關。

你必須明白「生死平常」這個基本事實。對你母親來說，活著有活著好的一面，她留在舊房子裡，還可以多看你兩眼。但也許，實際上她已經被分配了新房子，而你拖住她不讓她搬去新家，只是因為你捨不得、你很戀舊而已。但無論是哪一種情況，都已經不是平常的狀態了。

捨不得

那麼，在明白生死皆平常的大前提下，你能為你母親做什麼，就去做什麼。

吳：所以我還是可以救她！

沈：你救她只需盡心盡力，用不著著急，用不著緊張、更用不著上火啊。

大拉血

吳：嗯。所以，下次遇到媽媽大拉血，我第一反應不能慌，心也不能慌。

沈：對。

吳：也要明白生死是天命，如果母親的天命到此為止，就必須放手讓她走。

沈：對。你先要有一個大前提：生死平常。在這個大前提之下，你要怎麼盡孝道就怎麼盡孝道。這麼一來，你也才能在平常心的穩泰情況下去盡孝道，而不是在自己的心亂七八糟，或者處處受困擾的情況下去盡孝道。

盡孝道

吳：嗯。

沈：很多人一碰到事情，都是憑情緒去處理的。實際上，情緒永遠不能處理問題，也解決不了問題，只有智慧才能解決問題。所謂定能生慧，只有你內心安定了，智慧才能生發出來，也才知道怎麼解決問題。如果你的心亂了，智慧生發不出來，這時可能非但幫不了你母親，反而會因為亂中出錯，害了你母親。所以，聽到母親生病，第一個反應，應該是用平常心把持自己的定力，讓智慧生發出來，很理性地去處理問題。

吳：**瞭解。**

沈：這裡邊有兩個層次。

生命都是平常的

第一個層次，你要把握住大原則——生死都是平常的，不要以為死就是沒有了、失去了。這個世界是動態的，包涵著連續空間和連續時間，沒有一件事情會無緣無故沒有了，生命也是如此。死亡只是換一個房子，不是沒有了。這就是正見，對生死的正確見解。

吳：**好。第二個層次呢？**

保持平常心

沈：第二個層次，面對事情，要保持平常心。保持平常心、保持定力，定能生慧，你才可能理性、仔細、不出紕漏地處理問題，否則你的孝心反而不能體現。要盡孝心，先要有平常心，事情就是這麼簡單。

有了平常心，你的內心安定了，才不會常常因為亂中出錯而事後後悔。一個人如果總是在後悔，那怎麼保持開心呢？為什麼我講完開心，就跟著講三心二意？就是因為三心二意是開心的基礎，能做到三心二意，你就能獲得人生的智慧和覺悟，那麼你才能真正的開心。否則你一天到晚光後悔都來不及了，還怎麼開心？

吳：**那……沈老師，每次媽媽生病，我救她時，是不是就是拖著她，不讓她走？**

沈：不是你拖著她。

吳：**不是我拖著她？**

天命

沈：你拖得住也是有天命的。

吳：哦？是因為天命，所以我才拖得成功，也就是說媽媽本來就不應該走的，對不對？

沈：但是，你要記住：生死是平常，你只要盡你的孝心……

吳：盡力去治療她？

沈：對。

吳：而如果我救不了她了，就表示媽媽的天命到此為止。

沈：對對。而且，你也要瞭解，她會搬到一個新房子裡，有更好的狀態，用不著繼續在破房子裡受苦了。

害怕死亡

吳：可是，我能感覺得到：媽媽很害怕死亡。我不忍心她走，也就是因為她太害怕死亡。

沈：害怕是很正常的。為什麼每次轉世一定要消磁，把前一世的記憶全部消除掉，就是因為人的牽掛太多了。如果不消磁，他雖然重新出生，還是會去找他原來的家、原先的爸媽、原先的子女，因此不能很好地重新開始。所以，每次轉世一定要把前世的瑣碎記憶全部壓縮到一個極小的空間，封閉起來，變成潛意識。那些前世記憶不能讓它顯像化，顯像化就很麻煩。

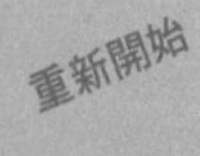

吳：但是怎麼解決媽媽害怕死亡的問題呢？

沈：有機會你跟她好好講一講我們剛才說的，生死平常，身體是一個舍，死亡只是搬新家而已。她有了正見，就沒什麼恐懼了。因為恐懼這個東西是沒有實質性的，說不怕也就不怕了。

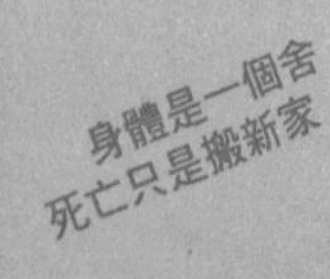

吳：好，瞭解。我回去試著做做看。

辦一場天上的書法展

沈：方便心、敬愛心和平常心先講到這裡，接下來我就說說二意。

誠意

吳：好。先講誠意？

沈：對。

書法

我有一個學生，他是學書法的，前不久他特別從日本回來找我。為了什麼事呢？他想改行去做另一份工作，但是舉棋不定，內心很矛盾……

吳：他要放棄書法啦？

沈：應該是猶豫不決吧，他自己吃不準這麼做到底好不好、合適不合適，所以從日本回來詢問我的意見。

我告訴他：「你考慮這件事該不該做，不能只考慮今年要不要做，而是要考慮：八年之內，你願不願意始終都做這件事。」

猶豫不決

八年之內

吳：為什麼要考慮八年之內？

沈：因為一年太短了，沒法考證一個人的誠意。

很多人考慮要不要做一件事時，常常會想：「今年我要不要做這件事呢？」於是很輕易就決定做了。到了明年，又想：「我今年要不要做那件事呢？」於是又很輕易地就決定了去做那件事。結果一年又一年過去，每年都能輕易地就決定做什麼事，也每年都在做一些自己不見得真正想做的事情。

用八年的時間來衡量，事情就很清楚了。如果八年之內你能始終做著一件事，不但絲毫不以為苦，還覺得樂此不疲，那說明：你對這件事很有誠意。

不以為苦

吳：沈老師，你所謂的誠意是什麼呢？

沈：你看「誠」這個字，它是「言」＋「成」組合而成的，意謂著「言出必成」才是誠。如果你是出於誠意做一件事，事情才會圓滿完成。如果你是勉勉強強答應去做一件事，沒有真正的誠意，只是湊合著在做，那事情做到最後往往不見成效，這就成了「言出而不成」了。

誠＝言＋成

言出必成

所以，無論做一件事情，或者交一個朋友，一定要先衡量一下自己是不是真的有誠意。沒有誠意，這個朋友情願不交，你和他就保持普通關係，和睦相處就好。做事情也是這樣。如果誠意不夠，你情願不做，先擱在那兒，等到哪一天你覺得自己真的有誠意了，再回頭來做，否則對人、對己都不會有好處，反而會弄得自己內心很矛盾，不暢通也不開心。

誠意不夠

情願不做

吳：有誠意，待人處事才會圓滿，也才會開心，對嗎？

沈：沒錯。

當時，我的學生聽我這麼一說，馬上就想明白了，他說：「要我八年都做那個工作，我死也不做。」

我問他：「那麼，哪件事是你願意做八年的？」

他立刻回答：「當然是書法！」

我說：「那麼，你就做書法吧！」

他說：「不行啊，現在社會不重視書法，我做書法，生活會變得很困難。」

我說：「社會不重視，那是因為書法沒有真正去幫助社會。」

所以，一個人光有誠意不夠，還要有創意。有創意，才能具體體現你的誠意。

光有誠意不夠 還要有創意

光有誠意，沒有創意，交朋友時，人家會覺得你這個朋友味同嚼蠟，枯燥無味得很。工作也一樣，你有那麼大的誠意可以一份工作做八年，如果沒有創意，這份工作也只會做得很平淡，看不到成果。所以，光有誠意不夠，一定要有創意！創意才是你真正奉獻給這個社會的東西。

比如說書法吧，如果你真的有誠意，就不是要求社會來重視書法，而是要想著：怎麼用書法去幫助這個社會。如果你的書法能幫助社會，對社會有推動作用，那麼社會自然而然會重視書法、推動書法。

幫助社會

吳：可是，書法要怎麼幫助社會呢？

沈：所以，當時我就問他：「如果你八年都要做書法，那麼兩年之內，你最希望達到什麼程度？」

他說：「當然是辦展覽。」

我又問：「你準備怎麼辦展覽？」

他說：「這就是難題啊。辦展覽很不容易，要花很多錢租場地，又要擔心有沒有觀眾，辦完了很可能效果也不大。雖然我非常想辦書法展，但實際上有很大困難。」

我說：「這就是因為你這個書法展既沒有誠意去幫助社會，又沒有創意突破現行的框架。既然沒誠意又沒創意，那還不如不辦。」

突破現行的框架

學生急了，問我：「沈先生，那要怎麼樣才

能又有誠意又有創意呢？」

我說：「為什麼非得像以前一樣在展覽館裡辦不可呢？我們可以辦一次天上的書法展，天上的藝術展。」

吳：天上的書法展？

沈：對！

我告訴他：「你每天寫一幅書法，一年三百六十五天就有三百六十五幅作品。然後，你把每一幅書法都做成同樣的尺寸，比如 120 公分乘 120 公分的正方，然後把它們全部紮成風箏。每幅作品呢，不用數字來編號，而是直接按照日期稱呼。比如，2 月 8 日創作的叫作『二月初八』，10 月 10 日創作的就稱作『十月初十』。」

「然後，你去找日中友好協會合作。日中友好協會一直在推動日本和中國的友好關係，在日本是很活躍的團體，官方也很支持，但是常常找不到好的題材、好的創意辦活動。現在，由你提供他們題材和創意，辦一場天上的書法展。北京這邊呢，你就找中日友好協會一起來合辦，在北京和東京同時召募放風箏好手，東京三百六十五名，北京三百六十五名，在北京展覽的風箏，全部寫上日本的俳句，而在東京的風箏全部寫上唐詩。」

吳：你是要他把天空做成他的畫板?!

沈：對，天空就是展覽館，完全沒有國界。

吳：哇～～

沈：然後，開幕那天，北京、東京兩地同時把三百六十五個風箏放上天去。所有參觀的人不用買門票，只要帶望遠鏡來看天空飛舞的風箏。你說，當二月初八那天生日的人看到風箏時，他會不會想

天上的書法展

紮成風箏

放風箏

俳句

唐詩

天空就是展覽館

：「唉呀，二月初八是我的生日，那可是這三百六十五幅書法當中唯一的一幅，多有紀念意義呀！」很可能，他就把風箏拉下來買回家了。在東京出售的所有風箏，全數金額你捐去幫助中國孩子；而在北京出售的所有風箏，你全數捐去幫助日本孩子，讓天上人間同時都充滿愛。

我告訴我的學生：「你看，這麼一來，在你提供風箏作品的幫助下，中國和日本的友誼不就因互動而增進了嗎？你不但給了日中友好協會和中日友好協會題材、內容和創意，更提供給媒體報導你作品的焦點：天上的藝術展，這是從來沒有過的！你的創意還讓藝術打開了原本的局限。你的書法幫助了社會，也幫助了人群，那麼社會自然就會來幫助你，來關心書法、推展書法。這就是誠意和創意累加的成效。」

吳：可是，他還是沒收入呀，那生活費怎麼辦？

沈：等辦完這麼一場人世間第一次見到的展覽、天上人間充滿愛的展覽……

吳：噢！我知道了……他也大大出名了。

沈：對呀。他可以把這些書法作品出版成冊，在東京和北京同時發售，我相信應該會很暢銷，而且無論在展覽期間還是展覽過後，採訪他的媒體也會絡繹不絕。一系列的連鎖反應下來，他就會得到社會充分的注意、愛護和幫助。同樣的，書法也會因此得到社會充分的重視。

暢銷

重視

所以，我們做一件事情，一定要考量：我是不是真的有

誠意？如果真的有誠意，你才去做，而且做的時候要發揮創意。

吳：**可不可以說，要是沒有誠意，創意也發揮不出來？**

沈：沒有誠意，你也不知道要把創意放進去呀。

吳：**是不是因為沒有誠意，你不會花那麼多時間，專注地去想、去動腦筋、去發展……**

沈：這麼說吧，你應該選擇一個自己認為最有誠意的事去做，然後把你的創意放進去。如果你選一個沒有誠意的事，把自己的創意放進去，那不是太滑稽、太可惜、太遺憾了嗎？當然，你說的也沒錯。有誠意才會有源源不斷的動力，你的創意才能找到最好的載體，充分地被釋放出來。

載體

善用誠意和創意，加入良性的互動

吳：**沈老師，你前面解釋了誠意的原意，那麼創意呢？創意怎麼解釋？**

創意就是創新

沈：創意就是創新。做一件事情，如果沒有創新，那麼你做出來和別人做出來有什麼不同？你只是在重複別人做過的，你的價值何在？你又給予了社會什麼？

只有帶著創意去做事，你做的事情才是全新的，才是這個社會沒有的，那麼你的價值、你給予這個社會的愛，才會被突顯出來、展現出來。

吳：**為什麼你這麼強調要給予社會呢？**

給予社會

彼此給予

相應的回報

沈：你給予了社會，社會才會給予你。在這種彼此給予的互動中，你才會得到相應的回報，這是一個良性循環。如果你始終不能進入這個良性循環，那麼要保持開心可是很難的，因為你無法在互動之中提升自己，也無法讓自我的價值和社會的價值因此而不斷增加、不斷擴展。

順應天道

我們不是常常說要順應天道嗎？實際上，整個宇宙、整個世界就是在互動的過程中不斷上升、不斷盤旋的。什麼是順應天道？加入互動的良性循環就是順應天道。順應了天道，你就不再是你自己，而是這個世界、這個宇宙的一部分，順應著它不斷上升、不斷盤旋、不斷發展、不斷提升。

吳：**這跟「有捨才有得」的道理很像，有給予才會有收穫。**

沈：對！

為什麼做一件事要去思考：「我能給予社會什麼？給予別人什麼？」這是因為你給予了，才有可能把風氣帶動起來。

把風氣帶動起來

如果只考慮自己，比如辦書法展只考慮自己的前途、興致，那麼憑什麼讓社會來幫助你？憑什麼讓日中友好協會這麼起勁來支持你？又憑什麼讓那麼多媒體來替你宣傳呢？不就是因為我的學生給予了日中友好協會一個有創意的好題材，給予了中國和日本一個友好互動的好機會，還給予了媒體一個可供報導的好熱點嗎？

吳：**實際上，對我來說，做業務推展時就時常要考慮這件事。想出個新奇點子，媒體有東西可報導，我們的書或雜誌也才有機會被注意到……**

沈：這對你來說可能非常熟悉，但對一般人而言並非如此。一般人很少懂得如何在做人做事時，善用誠意和創意去互動，然後從互動中獲得真正的友愛、互助、成功、歡樂和開心。

就像我那位學生，沒有誠意、沒有創意、沒有互動，他覺得書法展沒法子辦。但是，一旦能夠用誠意和創意去考量，在這樣的基礎上重新去思考，書法展就完完全全開闢了一個全新的天地。他不僅心打開了，整個人的思路、視野、今後的前途也打開了。

全新的天地

吳：**可以說他突破了自己。**

沈：對。無論你把它看成是商業創作，看成是人生的轉折，或者像你說的，看成是一種自我的突破，對於一般人來說，如何運用誠意和創意都是非常非常重要的。

商業創作
人生轉折
自我突破

吳：**沈老師，我可以說我每天就是在做這個嗎？**

沈：對對，這對你來說太熟悉了。

你看，你碰到問題要解決的時候，是不是會先考慮考慮對方？考慮考慮怎麼互動？然後把所有資源調動起來，進行整合？只要有一個念頭產生了，你就知道怎麼去進行社會重構，怎麼去推動它，讓它越來越大、越來越大……

但是對普通人來說，這實在太難太難了。他們之所以很壓抑，長時間不開心，覺得社會、命運對他們的制約非常非常大，就是因為他們平常做人做事，誠意和創意都遠遠不夠。他們不善於如何透徹運用誠意和創意，做每一件事情之前，也從沒有認真考量過自己是否真的有誠意去做。

像你做漢聲，一做就是幾十年，誠意和創意對你而言已經是家常便飯了。但是對一般人來說，像你這樣，太不正常了。

家常便飯

吳：啊，為什麼？

沈：很多人都是你把他放在哪兒，他就去哪兒，這當中要是能想想：「哎呀，今年我要做什麼？」就已經很不容易了。很少有人會主動去考慮：「我如何在八年，甚至十年做一件事情？」如果每個人都有意識地這樣去思考問題，不是考慮短期效應，而是考慮八年、十年去做一件事，那麼這個社會真正成功的人會多出很多很多。

短期效應

很多事情要做成功，都是需要誠意和耐心的，可是大部分的人都是把自己真正喜歡、真正想做的事放開，去做那些隨手碰到、被隔絕框死，而且是自己並不太願意做的事，隨波逐流，一年過一年。

比方說我那個學生吧，他已經是個非常善良的人，有方便心，有平常心，也有敬愛心，但是他仍然很難開心。為什麼？因為他不懂得善用誠意和創意，他始終很難真正打開自己的格局，創出一番局面來。

很難開心

所以，一個人有了方便心、平常心和敬愛心，並不等於他就會真的開心，因為人生還有其他局限，還有其他制約。想要真的開心，他還要擁有誠意和創意，然後善用誠意和創意去和社會互動，給予社會一份驚喜，一份與眾不同的東西，就像你們漢聲給予孩子們的愛、給社會留下許多寶貴的文化紀錄。

要不然，一個人要是始終不能真正開心，生活始終感覺受到壓抑，他沒法突破，就很容易退縮回去，原本擁有的平常心、敬愛心會慢慢就沒了。到最後，你想讓他再去敬天敬地也很困難了。

真正開心

心，就是一塊田
開花結果

宇宙所有事物都是動態模型，都是不斷在變的，人心也一樣。我說過，心，就是一塊田，這塊田要是老不能開花結果，草不就又長出來了嗎？

吳：我明白了。

沈：我們今天就談到這裡。

吳：行，謝謝沈老師！

2003年11月15日 # 第四回

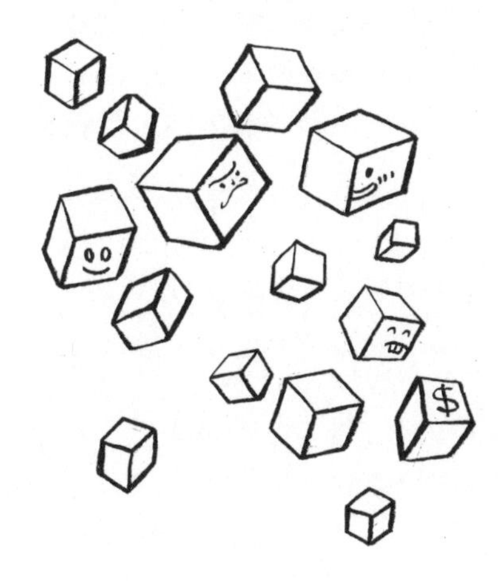

■守一之道：積九飛十

沈：那天採訪完之後，我有了一個新的想法。

吳：**哦，什麼想法？**

沈：我想談一談「守一之道」，把它的心法公開。

守一之道

吳：**守一之道？那是什麼？**

沈：守一之道是歷代傳下來非常實用的心法，能夠極其有效地幫助一個人成功。但是根據傳統保守的想法，這些心法是不能公開的。

吳：**為什麼？既然可以讓人成功，怎麼不能公開？**

沈：你想想，它可以幫助好人，也可以幫助壞人啊！好人用它來做好事，直截了當，一步就能到位；壞人用它幹起壞事來也同樣簡捷有效、乾淨俐落得很。

吳：**等於你把最好的武器拿出來，實際上是很危險的？**

沈：對。但是，現在我的考量不同了。我認為一個人只要有機會、有能力從正途去贏得成功和社會認同，他就不會鋌而走險去幹壞事，畢竟誰願意懷抱著恐懼生活在社會的黑暗面，每天提心吊膽著自己會不會一不小心就走到盡頭了。所以，從這個概念來說，我認為應該把守一之道的心法公開，因為這對整個社會而言，贏面會更大。

吳：**能有機會堂堂正正搏得成功，就沒有必要走邪門歪道了。**

沈：對呀。而且，守一之道的心法都非常簡單。

吳：**「都」？心法有很多嗎？**

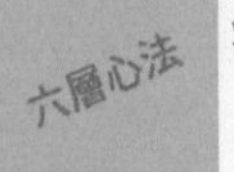

沈：守一之道有六層心法。這六層心法延展開來，可以讓你在任何一個時間點應用在任何一件事上。雖然運用起來可以千變萬化，但心法都只有一個——守一。這就好比說你有一張信用卡，你可以用它在這家商店買衣服、買鞋子，也可以用它在另一家買包包、買皮帶。買什麼都行，但你只需用同一張信用卡。但是，信用

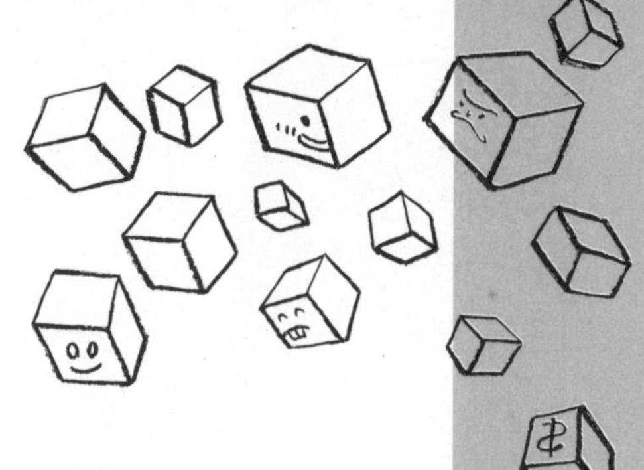

卡是有額度的，而守一之道的心法取之不盡，你可以一直用下去，還可以傳遞給周圍的人。

吳：那守一之道的心法是……

沈：所謂真傳一句話，守一之道的心法也是如此。今天我們就先來談談其中一層心法，它也是一句話，叫作「積九飛十」。

吳：積九飛十？什麼意思？

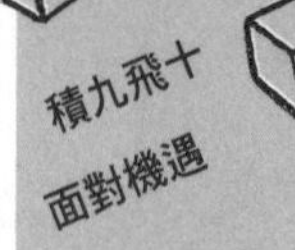

沈：積九飛十主要是教你如何面對機遇。很多人都覺得上天很不公平，比如說為什麼有些人的運氣比較好，而有些人的運氣就特別差。可是站在上天的角度來看，它對待每個人都是公平的。

吳：怎麼說？

沈：因為它讓每個人在成長的過程中同樣都碰到很多次機遇，差別只是有的人抓住了機遇，而有的人沒抓住。

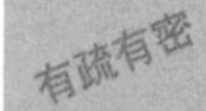

你要知道，機遇的出現不是很平均的，它有疏有密。不來，久久碰不上一次；一來，又會多得讓你應接不暇。

吳：跟下雨一樣，不下雨就一滴雨都沒有，一下就嘩啦嘩啦……

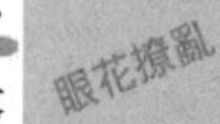

沈：是呀，所以機遇才會又被稱為「機遇陣」。它一出現就是一整個陣容，常常是大的、小的、炫目的、不起眼的、充滿誘惑的……全部一起來。而一般人一遇上這樣的陣仗難免就眼花撩亂了，整個人會變得異常興奮，心也跟著活躍得不得了，簡直不知道該抓哪個好。偏偏機遇陣的速度又不是固定的，有的快，有的慢，等你冷靜下來了，想起要抓住它了，它「刷」地一下子全過去了。所以，我們常會聽到有人在事後懊惱地說：「哎呀，上次那個機會多好呀，要是我動作快點，那我現在就不得了了！」而越是後悔錯失良機，之後有段時間就越容易陷入消沉。我把這時候的狀態叫作「一活一死」。

吳：一活一死？!

沈：是呀！「活」呢，指的是機遇陣來的時候，他的心太活了，活得不知道該選哪個機遇才好；可是等機遇「刷」地全過去，他發現自己什麼也沒抓住時，整個人一下子就陷入消沉，心也死了。

吳：喔，一活一死說的是這種一下子活躍一下子又死氣沉沉的樣子？

沈：對。不過，這時候他的心還只是「假死」。

吳：假死？!

沈：是呀，因為等下一次機遇再出現的時候，他又會活過來啦。他發現機遇又來了，心馬上又活躍起來了。只是活躍歸活躍，他還是沒能看準到底要抓哪一個，猶猶豫豫間機遇陣「刷」地又過去了。他又錯失了一次良機，心又死了。

真死了

吳：又死了？真死了？

沈：不，這時候他的心還不算真死了，下次碰上機遇時，他可能還會馬上活過來，左挑右揀地下不了決心選哪個好。怎樣才算真的死了呢？等同樣的情況經歷了太多遍，等某一天機遇出現在面前時他連看也不看了，他的心就「真死」了。這時候你派他去做收發，他就會整天只管做收發，別的什麼事都不管。這個時候心才是真死了，我把這時候的狀態叫作「一活二死」。

一活二死

吳：所以一開始是假死，假死太多遍之後就真死了？

沈：對。

吳：而一活一死時是假死，一活二死時是真死。

沈：對。心如果真的死了，那麼就算有機遇上門，他也會視而不見，甚至拒絕機遇。這個世界上為什麼成功的人那麼少？就是因為絕大部分的人都不懂得如何去面對機遇，搞到最後反而把自己的心給弄死了。

吳：而積九飛十就是教人怎麼抓機遇，對嗎？

沈：對！

吳：太好了！

沈老師，你快說說積九飛十到底怎麼運用？

積九：累積成功經驗

沈：什麼叫「積九」？初初面對機遇陣的時候，你不是去看哪個機遇最大、最醒目，或者哪個最有誘惑力，而是要去看哪個最有可能被你實實在在抓在手裡，然後毫不猶豫抓住它，這叫「積一」。

最有可能

積一

吳：所以，一開始要選那個最有可能被抓住的？

沈：沒錯！做任何事都講究要預先做準備，也就是掌握「提前量」。就好比打籃球吧，想抓住籃板球，你就得先緊盯著球的動向、估算球的擦撞角度，然後集中全部的目光、精神和力量，搶在球的可能落點前出手，才能在千鈞一髮之際準確抓到籃板。想抓住機遇，道理也一樣。如果機遇陣來了，你連選哪個機遇、該怎麼出手都不懂，還談什麼抓住機遇呢？所以，第一次面對機遇時，你要選最最容易被抓住的那個，然後盯緊它、抓住它。這叫作「積一」，目的就在於積累成功抓住機遇的經驗。

提前量

最容易被抓住

積累成功經驗

吳：等於第一次抓機遇，因為沒經驗，所以抓最最容易被抓住的那個？

沈：非常對！要不然，機遇迎面而來的時候，你什麼經驗也沒有，心又活躍得不得了，一會兒想著這個機遇好，一會覺得那個機遇難得，連目標都不會選，還談什麼抓住機遇呢？那麼，當第二次機遇陣來的時候，你還是一樣，死死盯住最牢靠、最有可能抓住的機遇，其他的想都不想、看都不看，然後全力以赴撲上去抓住它，這叫「積二」。

積二

吳：重複先前的成功經驗……

沈：對，就這樣積三、積四、積五、積六……一次次積累成功抓住機遇的經驗。你一定要有耐心，每一次都好好抓住那個最有可能被抓住的機遇。這麼做可以訓練你的耐心……

吳：也可以鍛鍊你的判斷力，以及抓住機遇的能力。

耐心

判斷力

能力

沈：對啊。等到積累到九次成功抓住機遇的經驗，到達積九了，就該飛躍了。

飛十：飛躍到更高層次

吳：飛躍？所以「飛十」是指第十次要飛躍？

沈：對。有了九次成功抓住機遇的經驗後，你也累積到一定的實力，這個時候你就不能再只是積累經驗了，而是要飛躍，也有資格可以飛躍了。

九次成功經驗

累積到一定的實力

飛躍

吳：為什麼說第十次是飛躍？

沈：因為這次你要選的不是那個最可能、最容易被你抓住的機遇……

吳：選最難的？

沈：不，不是最難的，而是最有戰略意義、最有決定性的機遇。

吳：噢，前面九次都是選最可能被抓住的，而第十次不一樣，要改變策略，選最有戰略性、最有決定性的。

最有戰略意義

最有決定性

沈：沒錯。只要你能把這第十個機遇牢牢抓在手裡，你就完成一次飛躍，上到更高的台階去了，所以說是「飛十」。而完成飛十以後，並不是說就永遠在飛躍了，而是要重頭再積一、積二、積三……

飛十

重頭再積

吳：啊，還要重頭來啊？

沈：對，重頭再積一、積二、積三……到積九，然後同樣到了第十次再飛躍一次。

吳：為什麼要重頭再積一、積二……

沈：因為你才剛剛擠上這個新的、更高的平台，在這個平台上你是沒有經驗的，你的基礎是比較薄弱的。

新的平台

吳：意思是說，在這個高的平台上，相較於周圍的人，自己的實力還很弱？

沈：對，這時候你可不能因為自己提升到新平台上就狂妄了，也不能老想著還要去飛躍，而是要定下心來，發揮先前的耐心和定力，重新積累經驗、積累實力，等待第二次飛躍的機會。

耐心和定力

等待第二次飛躍

吳：我懂了，所以第二次的積一、積二……到積九，同

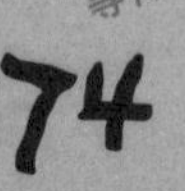

樣是在積累經驗？

沈：對。

吳：**也同樣要選最有可能被抓住的機遇？**

沈：對。

吳：**只是平台不一樣了，比先前的平台高多了。**

沈：對呀，這時候你所處的平台不一樣了，基礎不一樣了，能量自然也不一樣了，這個時候的積一，實際上可比之前的積一、積二、積三……積九，甚至飛十還要厲害。明白我的意思嗎？

吳：**明白。**

沈：然後，你就在這個平台上再一次積一、積二、積三……同樣的，你要跟前一次一樣有耐心，這不光是在積累經驗和實力，同時也是在更高的水平上提升你成功抓到機遇的功力。等到了積九，你就有足夠的能力可以再一次飛十，飛躍到更高的台階上了。

吳：**然後，就這樣一個台階一個台階往上提升。**

沈：對，按著積九飛十的心法，一個台階一個台階往上提升。你想想，如果一個人從十八歲起就懂得積九飛十了，那他會成功實在太正常、太正常了，甚至於要比別人早成功，那也不是什麼奇怪的事，因為每過一段時間，他的層次就不一樣了。他不斷在積累，不斷在飛躍，飛躍以後又不斷積累，積累以後又不斷飛躍，一旦他和別人的距離跨度拉開以後，越到上面，同一層次競爭的人就越少，尤其是同齡競爭的人更少。像毛澤東，他也是很年輕的時候就懂得積九飛十了。

不斷在積累
不斷飛躍

毛澤東

吳：**毛澤東呀？**

沈：對呀，毛澤東只弄懂了守一之道其中三層心法，就已經能夠打天下了。

三層心法
打天下

吳：**不是說守一之道的心法不能公開嗎？**

沈：他是他的岳父傳給他的，也就是他的第二任老婆楊開慧的父親傳給他的。毛澤東打仗按照的就是守一之道的心法，而不是兵法。改天我們講「守陽位」這層心法時再來仔細說說，毛澤東能打敗蔣介石，靠的就是「守陽位」。

切中要害

吳：**真的啊？**

沈：是啊。你要知道，守一之道是非常特別的，每一層心法都切中要害。如果你的智慧足夠，你可以用它去利益全人類，即使你的根性很平常，也足以讓你在一個點上無限制地突破，超脫過去、超越現在、超越未來。

吳：**至少能利益到自己。**

沈：說得很對。實際上，每個人都可以因為守一之道獲得成功，有所成就，為這世界帶來一份貢獻。然後，憑著這份貢獻所產生的自信，你就能在整個「道」的系統中，找到自己的定位。

找到自己的定位

吳：**有自信，才不會迷失自己？**

目標清晰

沈：沒錯。就好比說積九飛十，學會面對機遇、目標清晰了，你就會知道如何出手，也就願意去努力。相反的，如果目標不清晰，面對機遇始終不知道怎麼出手，還談何努力，最後也只能一活二死地把自己弄死了。

而個人變好了，社會才會更好。現在的社會不像從前。從前一個人要成功好像總有無數人犧牲，但現在的社會是多元化的，每個人都能有放射性的發展，社會的需求也是全面性地在發展。你看，現在的職業不就全面展開了嗎？每一個人都可以創造自己的舞台。

多元化

吳：**對啊，真的是行行出狀元。**

沈：所以我才認為應該把守一之道的心法公開，而不是像從前那樣經過最最嚴密的方式，一個一個地口傳下去。我公開守一之道最基本的想法，就是希望所有人能夠正確地找到自己的定位，讓人類群體不斷地往上提升。

不斷地往上提升

吳：**沈老師，你說得真好，尤其是聽到你說希望人類群體可以繼續不斷地提升，我真的很感動。**

沈：以後我們可以就守一之道講幾個故事。

吳：**那太好了。**

沈：不過，今天只能先談到這裡了，待會我約了人。

吳：**好的，謝謝沈老師。**

2003年12月8日 第五回

■從容易談 思維定勢

沈：今天我想先跟你講一個實際例子，說明思考模式如何影響一個人，然後再跟你談一談我們傳統文化的根，因為這裡面包涵了咱們中國老祖宗的智慧。

吳：好啊。

漢學家

沈：我認識一位韓國朋友，他是位漢學家，也是韓國漢學界公認的權威。五十歲那年，他特地來北京大學攻讀博士學位。為什麼五十歲了還要上北大讀博士呢？據說是因為他父親臨終時的遺願。而他父親又為什麼做這樣的要求呢？這就跟他的家族淵源很有關係了。這位朋友的祖先曾在明朝萬曆年間到中國留學，後來還考上進士、當了官……

吳：那時候韓國人可以到中國考進士、當官呀？

沈：可以的，那時候的高麗是中國的藩屬國，相當於中國的一部分。

吳：哦～原來如此。

北大博士

沈：這位朋友的祖先當時受到朝廷相當的信任，回國後，還當上了高麗國的宰相。這項成就成為他們家族光榮的頂峰。也因為這樣，他們家族世世代代都以研究漢學為榮耀，還形成家訓要每一代子孫都學習漢學，所以他們家在韓國算得上是漢學世家了。到了他這一代，他父親覺得子孫再不成器至少也得中個進士吧。當然現在沒有科舉、考不成進士了，但是有北大呀，考上北大博士相當於是古代進士了吧。所以，他父親臨終時交待他要到北大攻讀博士。

吳：他都五十歲了，還要去讀博士，多辛苦呀！

沈：是呀，期間的辛苦是不足以與外人道的。不過，這位朋友很有毅力，後來真的拿到了博士學位。

吳：真了不起。

沈：的確是。這位朋友回國後就成了漢學界名符其實的領袖，也在政黨裡擔任要職。他來找我的時候，正是他所屬的政黨剛成為執政黨、正在緊鑼密鼓分派職位的時刻。他是韓國公認的中國通嘛，所以大家都認為他很可能會當上韓國的駐中國大使。要知道，駐中國大使是個很重要的職位。對韓國來說，中國是它現在最大的市場，也是最重要的生產基地，對韓國的經濟命脈有非常直接的影響。我這位朋友自己也很期待，畢竟這是他的優勢所在，他覺得自己能把這個職位做好，甚至於做到最好。可是，第一波內閣名單公布之後，他的心一下子沉到了谷底。

駐中國大使

吳：為什麼？

沈：因為留美派的人士在內閣名單中占了百分之八十。這時候，他才想起來前兩任的駐中國大使也都是留美的，對漢學幾乎一知半解。也就是說，他們挑選內閣成員，並不是從如何推動中韓的經濟發展、如何為韓國贏得最大利益的角度來考量的。他一心想貢獻所學的熱忱，一下子涼了一大半。

留美派

吳：他很沮喪吧？

沈：很沮喪，心情也很不好。他自己年紀也大了，已經六十多歲，如果這次沒能當上駐中國大使，幾乎不可能再有機會了，這無論是對他個人還是他的家族都會是很大的遺憾。他來找我的時候把這些想法、心情，一五一十都說了，最後問我：「沈先生，你說我該怎麼辦？」

我告訴他：「容易。」

遺憾

容易

先容後易，始為容易

吳：容易？

沈：是啊。當時，他一聽我說容易就很高興，因為之前他請教了很多人，大家都覺得這件事很難辦，他自己也仔仔細細想過了，也是越想越沮喪。聽到我說容易，他就滿懷期待地在那裡等著，等我說說具體該怎麼做。

吳：是呀，怎麼做？

沈：當時，我也在那裡等著呢！

吳：啊，等什麼？

沈：等他自己明白過來呀。別人介紹他給我認識的時候說他是漢學家、是中國通，對易理也很精通，所以我以為說了「容易」，他就會懂了。

吳：**顯然他沒懂。**

沈：沒錯。他等了半天，看我沒再出聲，就問：「沈先生，你剛才說容易，但是具體怎麼做啊？」他這麼一問，我才知道：「噢，原來他沒聽懂。」於是，我就具體地解釋了起來，我說：「所謂容易，就是要『先容後易』。」

先容後易

吳：**先容後易？什麼意思？**

包容對方

沈：容，就是要能包容對方。我跟那位韓國朋友說：「你不要把他們區分成是留美派的還是留中派的，而是要把他們都看成是你們韓國的菁英，不帶有半點埋怨的心。韓國現在正處於一個非常重要的歷史關頭，要是你們所有菁英能彼此包容、互相團結，那韓國的將來是不可限量的。」

吳：**所以，「容」是包容不同立場的人。**

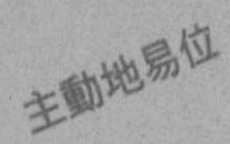

沈：對。容易容易，你必須先包容對方，然後才能做到「易」。易，就是主動地易位到他們中間去，和他們對話，在互動中融成一體。如果能容又能易，那麼做事情就好辦了，這就是所謂「容易」。要是不能容，始終把自己定位在留中派的領袖，那麼也就不能易，當然做事就不容易了。

吳：**原來容易兩個字是這個意思！**

沈：對啊。容易原本並不是一個形容詞，而是一個組合的動詞，一是容，二是易。能容能易，即是容易。不容不易，即是不容易。也就是說，容易是自己做出來的，不容易也是自己做出來的。

吳：**沈老師，你說得真棒！**

沈：容易的意思本來就是這樣子，只不過大家用啊用啊，用到最後忘了它的本意，變成一件事只要好做，就冠以「容易」；不好

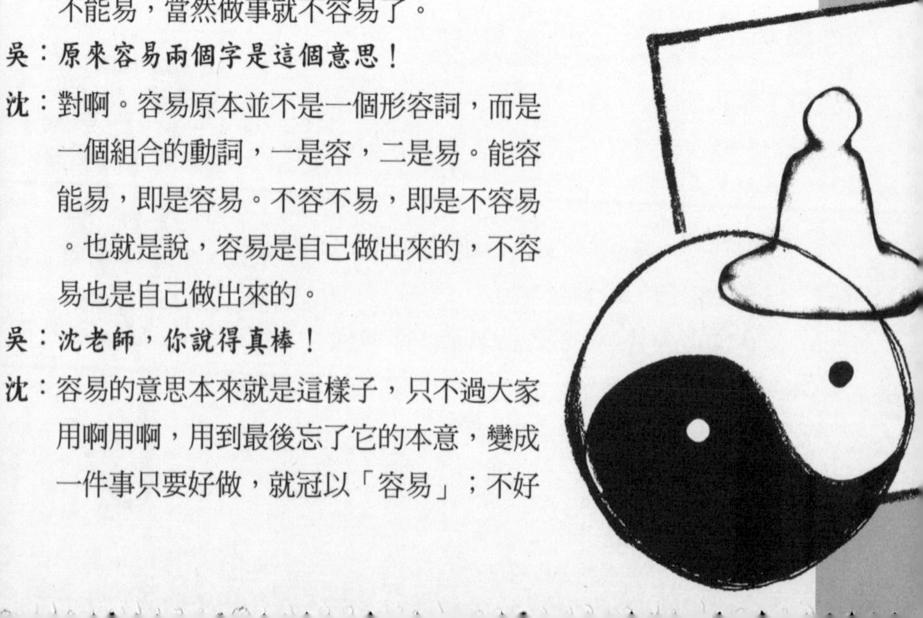

做，就變成「不容易」，反而本末倒置了。

當時，那位韓國朋友聽了我的解釋以後，非常激動，馬上站起身，向我重新施禮，然後說：「這麼多年來，周圍的人都把我看成是中國通，我也以為自己已經很瞭解漢學了，沒想到連最容易的『容易』都沒弄清楚。」

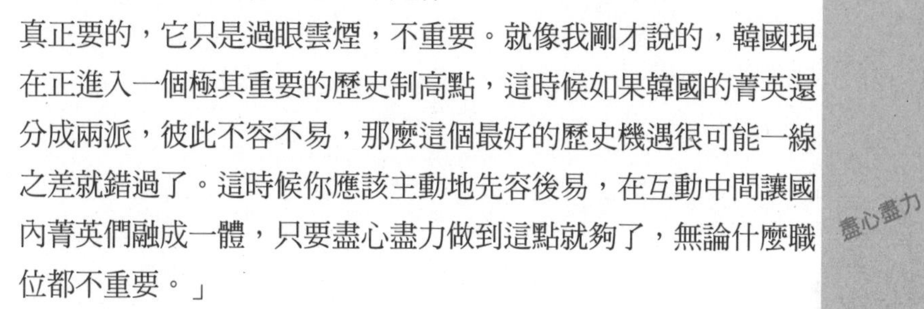

聽他這麼說，我覺得這位韓國朋友的悟性很不錯，也相當有心胸、有氣度，而且熱愛自己的國家，因此我又多講了一些。我告訴他：「一定不要把駐中國大使這樣一個職位，看成是自己的目標，這並不是你真正要的，它只是過眼雲煙，不重要。就像我剛才說的，韓國現在正進入一個極其重要的歷史制高點，這時候如果韓國的菁英還分成兩派，彼此不容不易，那麼這個最好的歷史機遇很可能一線之差就錯過了。這時候你應該主動地先容後易，在互動中間讓國內菁英們融成一體，只要盡心盡力做到這點就夠了，無論什麼職位都不重要。」

盡心盡力

吳：大使的職位不重要，國家的興亡才是目標。目標放大了，整個人的格局也就拉開了。

沈：是啊。我跟他說：「你看，你們韓國的國旗不是一個八卦嗎？八卦的精義就在於太極。太極分陰陽兩儀，陰的會往陽的方面切入，陽的會往陰的方面切入，正是在互動當中，陰和陽融合成了一個密不可分的整體，融合成了一個大圓滿。『容易』的道理不也是這樣嗎？你想想，他們都是留美的，雖然知道中國是韓國最大的市場和加工基地，但對中國的瞭解畢竟沒有你深入，他們有多麼需要像你這樣的中國通來提供意見呀。如果你能完完全全敞開心胸，主動地包容他們，主動地融入到他們當中，那麼你所做的既體現了容易，也體現了你們國旗的精神所在。」

陰的會往陽的方面切入

陽的會往陰的方面切入

吳：對，既做到容易，也做到太極。

沈：那位韓國朋友聽了很是感動，一定要我寫下「容易」兩個字送給他。他說要帶回去掛在書房裡，時時提醒自己，還說：「要是當初學漢字的時候，我就知道容易是能容能易、先容後易；不容易是不容不易；然後在學會這兩個字的同時，開始把容易融會貫通到整個生活裡，甚至思維模式和行為模式裡，那我就不會現在這個樣子了。」

吳：**我也覺得如此，要是我也能夠早點知道容易真正的意思，該有多好。**

沈：你想想，要是所有的學生都能早早就知道容易的意思，早早就把它融會貫通地應用在生活裡，那就不只是一個個體的飛躍，而是群體的、大幅度的躍升了。一個人容易了，即使你再怎麼優秀，也只能做到知其黑、守其白，自己一個人獨善其身罷了，對整個社會的幫助不大。但如果整個社會、所有人都能從小就懂得「先容後易始為容易」，碰到困難時能從包容開始，然後易位到對方中間去和他們對話，找出共通點去幫助他們，和他們合作，那對整個社會的群體效益該會有多大！社會和諧就是從這種思維定勢開始的，而這種思維定勢一定要從小就在學習過程中、行為舉止中就開始習練。

先容後易
始為容易
思維定勢

思維定勢

吳：**沈老師，你剛剛說的思維定勢是什麼？**

沈：思維定勢和一個人早期的教育有關係，也就是說，一個人在早期的學習經驗中，往往已經形成了思維定勢。碰到什麼情景，會有什麼反應，就跟這種思維定勢有關係。

早期的學習經驗

比如說，有的人一碰到驚恐的事情就大哭，因為他很小的時候遇到這種情形時就是大哭。而同樣的情景，不同的人有不同的反應：有的人是暴怒失控，有的人直接癱軟昏倒，而有的人反而是突然變得特別冷靜。

吳：**你的意思是，一個人遇到事情的反應基本上跟情景本身無關，而是跟思維定勢有關？**

沈：對。在一生之中，只要類似的情景出現，他就會因為從小形成的思維定勢，產生了一種思維模式，而這個思維模式會影響他的行為模式。

吳：那你剛才說的「容易是能容能易」，也算一種思維定勢嗎？

沈：對。我之所以要說思維定勢，就是因為它太重要了！比如容易，只要知道了它真正的本意，那是非常實用的。你演練過一次，第二次就會了，第三次就更熟悉了，最後它會變成最有穿透力的思維定勢。如果這種學習模式是從小時候開始，這個人會非常厲害，因為思維定勢可以貫穿一個人的一生，而且越用越熟練。

吳：沈老師，思維這兩個字我還懂，但「定勢」……這個詞怎麼解釋呢？

沈：定勢就相當於「程式」。也就是說，程式是怎麼設計的，那麼資料進去以後，就會按照這個程式去演繹。如果程式都設計得非常正面、開心，那麼所有資料進去以後，演繹出來的也會非常正面、開心。

程式

演繹

吳：所以關鍵不在資料本身，也不在於情景，而在於程式？

沈：對，資料和情景都不重要。就像一個好廚師，你給他什麼材料，他做出來都是好吃的。反過來，一個非常糟糕的廚師，山珍海味一到他那兒，都會變成難吃的東西。思維定勢就像程式一樣，往往決定了一個人一生許許多多事情。

吳：可是，程式是怎麼編出來的呢？

我的意思是……比如說我和我妹妹，我們兩人的思維定勢就完全不一樣呀，但我們明明是在同一個家庭長大的，接受的也都是西式教育，怎麼……

沈：這跟知識關係不大。即使你和你妹妹接受的是同樣的教育，但在成長的過程中所形成的思維定勢也不見得就一模一樣。

吳：可不可能跟個性有關係？

沈：形成思維定勢的原因有很多，但我們今天只先討論思維定勢是什麼。思維定勢就是說，早期一些信息輸入的時候，它形成了什麼樣的通道。

通道

吳：不太懂，能不能說得再詳細一點？

學習

沈：人和其他動物不一樣。一般來說，越是先進的體系，他透過學習所占的內容越大，這意謂了什麼？意謂著他幾乎所有事情都要學習，走路要學習，吃飯要學習……什麼都要學習，不會的東西太多太多了。

吳：比方說人類？

沈：對。所以，學習對一個人的影響非常大。而相較於人類，動物就不需要如此。牠們一生下來，抖抖身上的血跡就能站起來，甚至一站起來就能撒開腿跑了。

吳：對，馬就這樣子。

早成種

設定好的程式

沈：所以，相較於人類，動物被叫作「早成種」。牠們設定好的程式非常多，未設定的很少，也因此牠們能夠突破自我的機會很少，因為都排定好了。但是，先進體系如人類，則剛好相反，他們設定好的程式少，未設定的多，大部分都要靠學習來獲得。而思維定勢就是在這個學習過程慢慢形成的。

比如說，有些人從小就背唐詩，背了很多很多，而唐詩所營造的氛圍常常是清高的、孤芳自賞的，那麼等他長大了，一旦碰上衝突時，他通常也會循著退卻的、清高的、孤芳自賞的模式去處理。而他會做出這樣的行為選擇是由不得自己的，因為從小的學習過程中已在他這個系統裡編寫好了內建程式。這個內建程式編寫到什麼程度呢？編寫到只要一碰到類似的情況，他的思考和反應就會自動依循著編寫好的程式去完成輸出。於是，一個固定的程式軌道便形成了。程式軌道只要第一次走通了，第二次走就容易了，然後第三次、第四次……一次會比一次順暢、一次會比一次熟練，最後就形成我說的思維定勢。

吳：可見學習程式軌道真的很重要！

沈：尤其對人而言，學習實在太重要太重要了，因為人的行為模式大部分都是後天習來的。像思維定勢，學的就是遭遇問題時你該有怎樣的行為選擇。

後天習來的

吳：**我覺得更像是學習怎麼去看待問題。**

學習怎麼去看待問題

沈：對，它影響到你的思維模式和行為模式，影響到你怎麼面對遭遇的每個問題。像你，我就覺得你的思維定勢很不錯。

吳：**真的?!**

沈：你說說，要是你遇到麻煩了，你會怎麼辦？

遇到麻煩

吳：**想辦法解決！**

沈：因為你最早的時候碰到困難的反應就是面對它、解決它。你是由此展開思路，學著沈住氣，找出有創造性的解決辦法。久而久之，這也就形成了你的思維定勢。所以，日後一碰到問題，你的腦子會轉得特別快。

面對它、解決它

吳：**對，我碰到問題時特別冷靜，會立刻想辦法解決。**

沈：你的思維定勢讓你在這個時候變得更冷靜、更積極。你不會沮喪退縮，或者孤芳自賞，以一種清高的心態，掩蓋自己的退卻和逃避。這就是你在早期學習過程中形成的思維定勢。所以說，思維定勢太重要太重要了，它直接影響一個人的想法和行為。

吳：**那，思維定勢能不能改？**

沈：當然可以改。

思維定勢可以改

吳：**已經成形了也可以扭轉？**

沈：當然可以。而且，時間不用太長。

吳：**真的?!**

我好希望身邊幾個朋友的思維定勢都能改一改，哈哈！

沈：如果是我來做，我會開一個訓練班，做得紮實一點的話，大概要用一個月的時間。那麼，在這一個月裡，我每隔一天辦一次講座，一次兩小時。最重要的是，上完了講座，還要透過作業，讓大家在生活當中實際去操練。

訓練班

我的目的不是只要大家聽懂。聽懂了，我們稱作「聞道」。重要的是，聞道以後還要「悟道」。有機會聞道，那是你有緣分，但

聞道

悟道

聞道不代表你就一定能悟道。能不能悟道，要看你的根器好不好。

根器

吳：**根器？根器是什麼？**

慧根

沈：一般說一個人根器好，就是說他有慧根。根器好，表示他一代一代不斷在……

吳：**在修？**

沈：在提高。到了這一代，提高得差不多了，剛好他又來聞道，那麼他一下子就能體悟，就悟道了。

吳：**所以根器好，才能悟道。**

沈：對。但是，光悟道了沒有用，還必須去「行道」。有的人悟道了，心裡很高興，但是他不運用在實際事情上、不按照這麼一個最好的方式去做，他還是被自己習慣性的思維定勢所控制，那聞道、悟道就沒有意義了。

吳：**沒有發揮實質作用。**

沈：對。怎樣才能行道呢？套句佛家的說法是「要有金剛心，才會堅持行道。」那麼，堅持而且不懈怠地去行道，到最後你不再只是認為這樣對才這樣做，而是一個情景來了，你很自然就這樣反應了，這時它就形成你的思維定勢了。這時，你已經「得道」了。

吳：**所以，聞道之後要悟道，悟道之後再行道，行道之後就得道了。而得道，就是形成思維定勢了。**

沈：對呀。你看，就像今天一開始我講的容易，如果你在學到容易的同時就知道它的本意，然後全力貫徹到日常生活中，那麼一遇到問題時你首先想到的便會是如何容、再如何易，如何把不容易的局勢變得容易，容易也就能成為你的思維定勢了。為什麼我一開始就先講容易這個故事，就是因為思維定勢是在這種最好的、最有利的善知識灌輸下形成的。

吳：沈老師，還有沒有類似容易這樣能影響思維定勢的漢字故事？

美、善、義，要從犧牲談起

沈：當然有！

實際上，漢字是我們傳統文化裡最根本、最重要的東西，如果你能即早瞭解它的本意，並按照這個本意應用起來，它就能成為最有穿透力的思維定勢。

比如說吧，有一年，我在中國美術館舉辦了一場「漢字藝術展」。這個展覽很特別，是把漢字立體化，以雕塑的方式展現。

漢字立體化

吳：這些雕塑是誰做的？

沈：我做的。

吳：哇！

沈：當時很多西方人一看到這些漢字雕塑都覺得很不可思議。為什麼呢？因為中國的書法藝術已經有好幾千年歷史，在這數千年的歲月當中，有太多具有極高智慧的人，把自己的興趣灌注在漢字這個抽象藝術上，可以說它已經不是個人智慧的展現，而是集結了非常高的群體智慧涵養，所以一旦立體化，一下子把這麼高的群體智慧結晶鋪展開來，在西方人看來它們就像了不起的抽象藝術，簡直不像這個世界的東西！

書法藝術

其中，有個作品是「美」字。有位前來參觀的外國朋友就問我：「『美』這個字，上面是個『羊』，下面是個『大』，那是不是表示：大的羊最肥美啊？」

美

羊、大

我回答：「可不能這麼說。美的上半邊是羊沒錯，但上半邊有羊的可不只美，『善』和『義』也有呀。而想知道美字什麼意思，還得從善字說起。」

善、義

從善字說起

吳：那麼善字要怎麼解釋？

沈：你看哪，善上面是個「羊」，下面是個「台」，組合起來的意思就是「把羊擺在台上」。在古代，羊是一種犧牲，把羊擺在台上表示把犧牲奉獻給上天。所以，善是什麼意思？善的本意是說：你要行善，就必須肯犧牲、肯奉獻！

把羊擺在台上

行善

肯犧牲、肯奉獻

吳：噢！

沈：不肯犧牲、不肯奉獻，就談不上行善了。你看，你的朋友生病了，你去探病，是不是要犧牲自己的時間呢？你的朋友有困難，你想資助他，也得肯奉獻吧？

吳：**所以，善的本意是奉獻和犧牲。**

義
雙肩扛起
犧牲

沈：對。你再看「義」這個字，它上面是個「羊」，下面是個「我」，這是什麼意思呢？意思就是說：你要講義氣，就要用自我的雙肩扛起犧牲來。如果光犧牲別人，不犧牲自我，那可不是什麼義氣。

吳：**對，義字下面是個我。原來如此！**

美
最大的犧牲

沈：而「美」呢，你要達到美、要創造美，需要的是最大的犧牲。什麼是最大的犧牲？就是你畢生的奉獻！所以，美的下面是個「大」字。

吳：**嘿，原來我名字裡的美字這麼了不起！**

沈：所以，奉獻和犧牲一直是你生命的主旋律，是不是這樣？

吳：**是呀，呵呵！**

沈：懂得了這個美字，也就懂得你了。一般的奉獻，一般的犧牲，是達不到美的境界的。

吳：**以後我要對自己的名字另眼相看了。**

沈：中國的漢字呀，它是一個密不可分的系統和整體，每一個字都蘊涵了中國傳統文化的根，包括最根本的倫理和哲理，所以我們學一個字，不能只學字面上的意思，而是要弄清楚它的本意，讓它變成自己最有效的思維定勢。

吳：**就像容易一樣。要是從小學開始，每一個人都這樣去學，這樣去操練，這簡直太了不起，可以一改中國人的個性了。**

沈：對啊，你想整個社會、整個國家會變得多了不起？很多人都覺得打從五四運動以後，傳統文化就被破壞得幾乎什麼都不剩了，為此感到很悲哀。我倒是有點不同看法，我認為這恰恰是傳統文化勢能最大、最有可能直接接觸到它最根本、最重要、最核心的時刻，因為傳統文化的巨大外殼已經被我們用最大的力氣一次又一次粉碎個徹底了，那麼距離迎接下一次文化復興和社會復興浪潮的來臨也就不遠了。

吳：**把外殼打破了，才能看到最裡面的核心。**

沈：對呀。要是殼還在，所有孩子從小學習的就是殼上的東西，到最後自己也成了一個殼，只有把殼都打破了，核心才會顯露出來。

吳：**而學到真正的核心，傳統文化才可能再復興。**

沈：你說得對極了。

有一次，我在北大給博士生做講座，大概講了二十分鐘吧，有一位博士生站起來提問題。他說：「沈先生，我對於你講的傳統文化有完全相反的觀念，我覺得中國的傳統文化恰恰是大醬缸。」

吳：**大醬缸？**

沈：對，他們認為中國人之所以這麼醜陋，就是因為在傳統文化這個大醬缸裡給醬的。實際上這是柏楊的觀點，他的「醬缸文化」理論對大學生的影響非常大。

我不太同意這個觀點，我告訴那位博士生：「中國的傳統文化是全息的，它既可能產生秦檜，也可能產生岳飛。你不能自己當了秦檜，然後去怪傳統文化：『哎呀，都是中國的傳統文化把我醬成這樣子的，不能怪我。』那你怎麼不醬成岳飛呢？」

吳：**對啊。**

沈：就像大自然一樣，它也是全息的，也是包羅萬象的。如果一隻蒼蠅說：「我之所以到處傳播細菌，那是因為環境充滿垃圾，不能怪我，我是乾淨的。」那麼牠為什麼不學學蜜蜂採花蜜呢？這個世界上不是還有那麼多鮮花嗎？

如果你到公園對所有鮮花都不看一眼，只光顧著找地上有沒有狗屎，哪怕整個公園裡就只有一攤狗屎，你就一直盯著那一攤狗屎看，然後氣呼呼告訴別人：「這個公園就是一攤臭狗屎！」這是不對的。大自然是全息的，香的、臭的、美的、醜的……什麼都有，而傳統文化

也一樣。

所以，一個人的思維定勢太重要了。就像那些大學生，他們對於傳統文化的思維定勢就是認定那是醬缸。一旦接觸傳統文化，他們立刻否定它、唾棄它，認為應該去之而後快。這麼一來，他們就不可能吸取傳統文化的智慧，這是很可惜的。

法的真諦在於平等

沈：回到我剛才說的漢字雕塑展。當時我告訴那些外國朋友善、義和美的本意，大家聽得很高興，覺得漢字居然有這麼多倫理跟哲理，真是了不起。這時候，有個法國人不太高興了。法國人是很以自己的文化為傲的，他認為法國才是世界文化的重心。其實呀，我覺得世界各文化各有各的特點，各有各的好，他要這麼認為我也不反對的。但這位法國朋友看見所有人都在為中國的漢字鼓掌，為中國文化叫好，心裡頭就不高興了。他的個子不是太高，又站在外圍，這時候就特地從後面擠到前面來，問我：「沈先生，你剛才說得很好，既然漢字裡都有倫理和哲理，那麼『法』字呢？三點『水』，加上一個『去』，怎麼解釋？」當時旁邊就有個「法」字的雕塑矗在那兒。

法

我問他：「你把一杯水倒在地上，它會往哪裡去呢？」

他說：「當然往低的地方去。」

往低的地方去

我又問：「去到什麼地方為止？」

他說：「去到平的地方為止。」

去到平的地方為止

我說：「對啦，這個就是法的宗旨和原則，什麼地方不平，就往什麼地方去，一直到平等為止。」

他一聽就愣住了，悶了半天才說：「還真有點道理。」

我說：「不是有點道理，法就是這個道理。」

吳：所以法字真正的重點在於平等？

沈：對，平等。

吳：平等在這裡有特別的意思嗎？

沈：平等這個概念很重要，人類世界的思想體系裡幾乎沒有不提到它、不重視它的。而一般說得最多的、聽得最多的大概就數「眾生平等」了。不過，想把「平等」這個概念落實到具體事物的話，得先弄清楚它的「體」和「用」。

吳：體和用？

沈：對。也就是它的「本體」和「運用」。就拿眾生平等來說，馬和狗在本體上是平等的，但你不能騎著狗出去，然後讓馬來看家吧？或者以房子來說，在本體上，房子裡所有東西都是平等的，不能說窗戶的命好，門的命苦。但是具體用的時候，你不能把窗戶安在門上，把門安在窗戶上吧？為什麼有那麼多人總搞不定平等問題？就是混淆了體和用。

「本體」和「運用」

吳：能不能講得再清楚一點？

沈：再比如說，這個員工很能幹，另一個員工能力差一點，在本體上，你都要發自內心平等地對待他們。但是一落到用，你一定要懂得依能力適當地運用他們。這才叫作「體用結合」。

體用結合

你要知道，這個世界上所有事物都有相對應的兩方面：有陰就有陽，有左就有右，有手心就有手背……沒有哪一樣是孤立的。平等也是如此，它有體，就有用。

所以講到平等最最不能犯的錯誤就是體用混淆。一旦混淆了體用，你馬上就會陷入兩個僵局：本體上不懂得平等對人、對事；運用上不懂得知人善用。所以說，在本體上你要沒有分別，平等地對人、對事；而運用上你要知人善用，要懂得分別。

我就碰到過好多次有人跑來抱怨：「哎呀！沈先生，我都平等待人了，結果你看看，我得到什麼回報了？一切亂七八糟！」

吳：怎麼會？

沈：他覺得他要平等待人嘛，雖然這個人能力有限，他還是提拔這個人當領班……

吳：哎呀，那不是完蛋了嗎？

沈：甚至後來還讓那個人當經理。

吳：那更完蛋啦！

沈：他以為這就是平等。

吳：這就是體和用弄錯了，對不對？

沈：對。

吳：沈老師，那是不是說：每個人都有他自己的優點和弱點，也許他在這方面比不上你，但另一方面他卻可能比你強，就看你怎麼看待，而平等不在於你平等的對待……

沈：有一點你說對了：平等不是指所有事物都一模一樣。這個宇宙千萬變化，它有各種各樣的形態、各種各樣的方式和無數的種類。平等的意思是：只要他們生存在這兒，就有他們生存的根基和生存的理由，這方面是平等的。

吳：那麼，法跟平等的對應關係是什麼呢？

沈：前面我不是說世界上所有事物都有相對應的兩面嗎？這個道理在這裡同樣成立。萬物在本體上是平等的，是各有優勢的，然而它們呈現出來的卻恰恰是不平等。

萬物在本體上是平等的

吳：啊？我不太懂……

沈：你看，馬跑得快，烏龜走得慢；人呢，有的人強，有的人弱。也就是說，萬物呈現出來的是不平等的。所以，這個世界一定是要大跨度融合，才能達到整體和諧的。那麼，既然有不平等，就需要有一個能夠使它平等的東西……

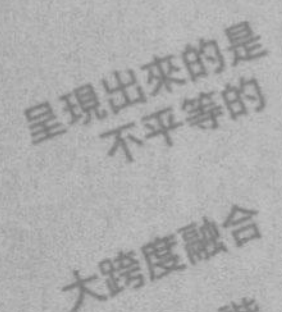

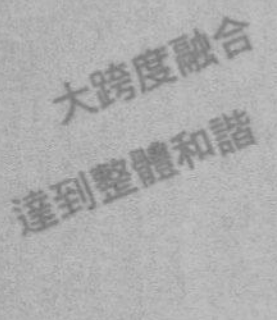

吳：而法就是那個東西？

沈：對！這個世界上有的人強，強的人有可能會以強凌弱；有的人勢力大，勢力大的人可能會仗勢欺人。正是因為人類社會存在著這種不平等的基本事實，所以它需要有一個制衡它的社會公約，以達到一種動態平衡。

動態平衡

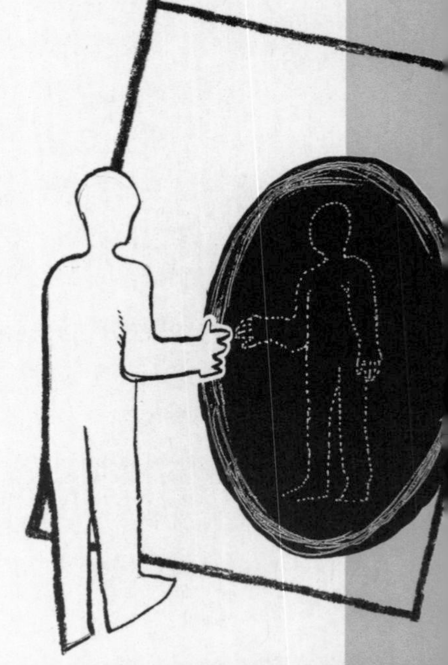

吳：這個公約的目的是要讓強的不能欺負弱的。

沈：對！

吳：而就是因為不平等的存在，所以才需要公約做制衡。

沈：對。實際上，當我們說到法的時候，已經是在講平等的用了。

吳：**哦！**

沈：用一定是要有目的、有作用的，否則就不成其用了。也就是說，從本體上，我們要理解眾生是平等的、萬物是平等的，但是到了用的時候，我們也一定要認清一個基本事實：眾生萬物是不平等的。那麼，怎樣才能體用結合呢？答案是，一定要有一個能和不平等相對應、使整體達到平衡的東西，這樣社會才能不斷走向和諧。

用一定是要有目的、有作用的

吳：**所以，平等是一種觀念，是萬物生存的根本……**

沈：對。

吳：**但在某種情況下，或是在某個時間點……**

沈：比如說，你現在很弱，但是將來你可能是會變得很強大的，那麼人家在你還沒有強大起來的時候把你殺了，你覺得這樣平等嗎？你願意這樣被人殺掉嗎？

吳：**當然不願意。**

沈：反過來說，你現在雖然很強大，但很可能過一段時間你會衰弱，到時候任憑誰都可以來欺負你，你願意這樣嗎？

吳：**所以為了不管在什麼情況下，不管你是強的時候還是弱的時候都能維持平等，我們透過法去讓整個社會可以和諧穩定地照著規律去發展……**

沈：對。

吳：**等於法是一個用，是用來維護社會和諧發展的。**

沈：對。這才是法的宗旨和原則。

吳：**所以前面你解釋法字時，說：「水流到平地的時候，它就不流了」，它的基礎是建立在「萬物是平等的」……**

沈：而法是要讓它還原到平等。

還原到平等

吳：**透過法這個用，讓它還原到平等？**

沈：對，還原到平等，還原到它的本體。

吳：**那麼，是不是可以說：法的意思就是要還原到平等的本體？**

沈：對。

吳：懂了。

法可以讓社會從善如流

沈：你要記住：本體是平等，但是表相卻不平等，而透過法，可以讓它還原到平等的本體。這就是所謂的體用結合。

吳：**把強的壓下去，把弱的提上來，大家平衡了，才能和諧地去溝通，平安地過日子，對不對？**

沈：對極了。實際上從更深入的層次來說，法也是幫助人類向美、向善發展。一般來說，一個人如果變強了，他的行為模式可以有兩種選擇：一是去行善、去幫助別人；一是去作惡、去欺負別人。而法呢，就像你剛剛說的：它是用來維護社會和諧穩定發展的，於是它規範著人們朝和諧方向流動的態勢。在我看來，這相當於是一種「從善如流」的過程。也就是說，當你比別人強了，你去幫助別人、你去行善是合於潮流的、是順流的，從善你才能如流；相反的，當你比別人強，你去作惡、去殺人、去放火，你就會被法律制裁，你是不順流的……

吳：**等於是在逆流而行了。**

沈：對，等於是在和社會大環境對抗了。

於是，整個社會就在法的規範下一代又一代地逐漸往善的方面歸化。實際上，這也是一個從「真」開始，慢慢進入「善」，再慢慢進入到「美」的過程。表面上看起來，「法」好像是很枝節的東西，實際上它在宇宙的大體系中扮演著很重要的角色和作用。所以，法不只是一個層面的東西，

它是一個整體，一個系統。

吳：沈老師，我一直以為你講的法是指「法律」，但怎麼感覺現在聽起來，它不光是法律……

沈：不光是法律。

吳：感覺它是一個更大範圍的……

沈：法是全息的。在人世間，它是法律，但在更大的範圍裡，它是一種規律，是一種趨勢，是整體系統的走向。

吳：所以，實際上你講的法，有兩個層次。

法律

規律

沈：對，有兩個層次。

吳：一個在人世間，它是指法律；一個從大宇宙、全信息的角度來說，它是規律。因為從法律的角度，善跟惡不存在順流、逆流的問題，只是兩條不同選擇的路，唯有從大的全信息角度來看，才會有「善是順流，惡是逆流」的說法。我有沒有講錯？

沈：呃……你這麼理解也沒錯啦。

我們之前討論的多半是在人間法律的範圍，如果從這個範圍來看，法律不過是起到一個整體的制衡作用，目的在使所有的不平等重新回歸到平等的本體上。

吳：對。

沈：但是，如果從更大的時空往下觀照，你會發現：正是因為法的這種制衡作用，使得整體形成了一定的方向，把所有的不平等往平等的本體上歸化。

也正因為法能如潮流般把不平等往平等本體歸化，強者的行為才會那麼容易被帶著一起加入善的流動過程中，這也等於削弱了他可能作惡的可能。要不是有法律形成這樣的潮流，有這麼一股力量可以引導強者的行為、規範他們的行為，惡行不就無所顧忌、風行無阻了嗎？

吳：是呀。

沈：到時候，有勢力的可以仗勢欺人，人數多的可以以眾暴寡，能力強的可以以強凌弱，社會還有什麼和諧可言？整個社會只會往崩潰、毀滅的方向前進，變得越來越混亂。

所以，當一個世界要毀滅的時候，你可以觀察到一種現象——逆流逐漸逐漸在成形，以眾暴寡、以強凌弱、仗勢欺人的情況越來越普遍。

吳：**這時候，逆流反而成了潮流。**

沈：對。這也說明了：在這個時空點上，法的作用已經被削弱了。不過，反過來說，恰恰也是在這麼一個時空點上，法變得更重要、更緊迫。

吳：**啊，為什麼？**

沈：因為我們所在的這個宇宙還是處在一個有序的過程中，遠不到崩潰的地步。

吳：**不懂，能不能講清楚一點？**

沈：我們不常說眾生平等嗎？所謂「眾生」可不只是人、是動物，因為從更深層次來說，無論是一個人、一個茶壺、一棵樹、一粒方糖、甚至一個光子，都是由無數的基本粒子組成的，而基本粒子是會衰變、有生有死的，所以所有的東西也都是有生命的。既是基本粒子，它們就一直處在有序運動的狀態裡，方糖為什麼是一粒方糖、樹為什麼是一棵樹，就是因為裡面無數的基本粒子一直在有序的運動，否則它們無法成形。

有序運動

同樣的道理，這個世界之所以是這個世界，也是因為它整體上就是有序的：銀河系在有序地運行著，太陽系也在有序地運行著，我們每一個人身體裡十的五十二次方個的原子也在有序地運行著。由此我們也可以知道，這個世界一定會不斷地走向更和諧，因為它的本體是有序的。

吳：**哦！**

沈：相對的，有「有序」，就有「無序」。

無序

吳：**那麼，無序又是什麼？**

沈：無序是一個積累的過程。

積累的過程

吳：**積累的過程？**

沈：它是在朝著更有序的方向積累著勢能。

吳：怎麼說？

沈：比方說，人類社會發展到一個程度，它的生產力發生變化了。一旦生產力發生變化，原本的社會次序反而不適合它了，這時候就會出現表面上看起來很無序的狀態。實際上，這些無序的狀態是在不斷地積累新的勢能，使它過渡到一個更適合、更有序的狀態。所以從這個意義上來說，什麼是好？什麼是不好？我覺得沒有分別。

飛躍來自於妥協

吳：沈老師，我發覺你今天講的層次跟以前不一樣，今天講得層次很深呀！

沈：因為宇宙的系統太大了，我在講的時候，必須把這個大系統落到小的局部中間。但事實上大系統是圓滿的，裡頭各個局部是密不可分的，它是一個整體。

吳：對於整體這個觀念，我一直覺得自己理解得不夠深入，能不能多解釋一下？

沈：舉個例子來說，地球在誕生之初是沒有陸地的，到處都是海洋，狀態比現在的海洋可能濃稠點。之後，經過億萬年的時間，生命發生了。最初的生命很可能是無極生太極，太極生兩儀，出現了兩種單細胞。這兩種單細胞的體積差距非常非常大，所以一種稱為「巨細胞」，一種稱為「小細胞」。

接下來，小細胞又一分為二，分成粒線體和葉綠體。粒線體能利用地球上的氧，透過呼吸作用把氧轉化為能量，用來維持自己的生存、延續自己的後代。而葉綠體呢，則能利用地球上的光，透過光合作用源源不斷把光轉化成自己所需的能量，用來維持生存和延續後代。

吳：等於一生二，二生三了。

沈：對呀。開始是兩種單細胞，一種巨細胞，一種小細胞，後來小細胞又分裂出粒線體和葉綠體。

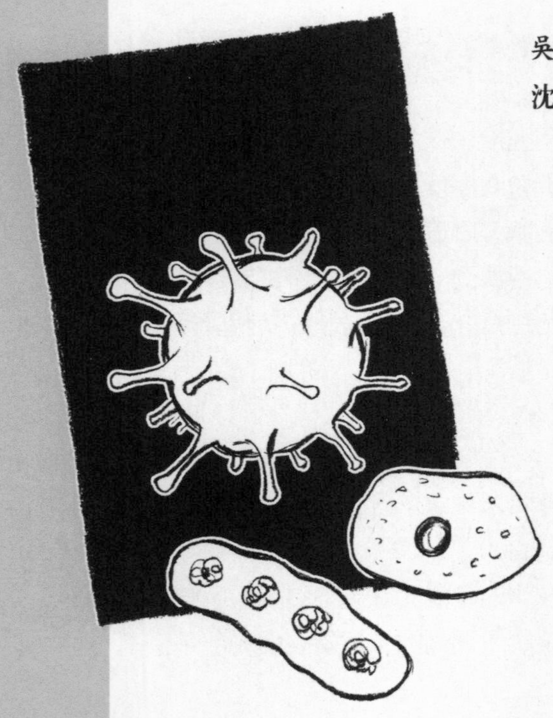

吳：現在有一大兩小了。

沈：對，變成一大兩小，三種了。其中，小的那兩個——粒線體和葉綠體都有能力供給自己生存的能量，那大的那個巨細胞呢？它既不會光合作用，也不會呼吸作用，怎麼辦？它就只好仗著自己體積大，「吃」這些小細胞維生。其實，這裡的「吃」也只是一種很籠統的說法，畢竟巨細胞自己也還是單細胞，它既沒嘴巴，也沒有胃，所謂的吃，是它靠自己的拓樸變形，把小細胞全部包裹起來，然後再慢慢想辦法消化，變成自己的能量。

然後，又經過了億萬年的時光，妥協開始了。

你要知道，飛躍通常不是從革命開始的，而是從妥協開始。

吳：哦？怎麼說？

沈：巨細胞不是包裹住了很多很多粒線體等著消化成能量嗎？這時候，粒線體就和巨細胞商量了：「你呢，也別消化我們，別把我們吃了，取而代之的我們來給你提供能量，如何？你不可能每天都抓到足夠多的粒線體，如果由我們穩定幫你提供能量，不是更有利嗎？」妥協妥協，就是很妥貼的協調嘛。於是，一個新的模式出現了！巨細胞捕獲了粒線體之後，不消化粒線體，而是和它們共存，讓粒線體給巨細胞提供能量來源。

而這種與粒線體達成妥協的巨細胞，由於所能獲得的能量還是不足以供給生存，因此它們除了從粒線體那兒得到能量之外，還要自己去捕獲食物。慢慢的，它們就演化成了活動性比較強的動物。所以，動物之所以活動力比較強，並不是因為牠們的優越，而

動物

是源於牠們的局限性——牠們的落後、牠們的不足，迫使牠們變得更加能動。

吳：**這也是你說的陰陽，因為局限，反過來它活動力強？**

沈：非常對！而同樣是巨細胞，有一種巨細胞另有不同的發展，它既捕獲了很多粒線體，又捕獲了很多葉綠體，而同樣的妥協模式再度出現。它和粒線體、葉綠體達成妥協，讓粒線體和葉綠體來幫自己提供能量。

有趣的是，這種既會光合作用、又會呼吸作用的巨細胞，能量供給基本上已經足夠，也就不需要它再去捕食，它的活動力自然也就沒有只捕獲粒線體的巨細胞強。結果，變得自給自足、感覺比較優越的巨細胞，最後反而慢慢演化成了比較被動的植物。所以，它變成植物，並不是因為它更弱、更差、更不圓滿、更缺乏優勢，反而是因為它太有優勢了，它根本就不需要動了。大自然就是這麼辯證著交叉前進的。

植物

吳：**真有意思！**

沈：這種過程不只發生在這些最根本的、最簡單的生物演化上，實際上也發生在所有事物不斷發展前進的動態模型上。所以說，有時候一件事情看起來似乎很局部、很平面，那只是因為一般大家都從很局限、很平面的角度去看它罷了。如果你用一個全息的、大系統的角度去觀照它，你會發現：它從來就不是簡單的，從來就不是孤立的，從來就不是局限的。

所以，當我要去面對一件事情時，我得考慮該拿哪些部分來和這件事情結合、聯繫，讓它看起來不那麼孤立、不那麼局限，但是又可以不那麼複雜地把整個系統和它連結起來。也就是說，大系統是具足的，絕不可以分割的，而我在表敘過程中，得想辦法把非常複雜的事物變得簡單點；同時，還要把看起來非常簡單的事物，和宇宙的整體系統連結起來。

吳：**好棒，以後能不能照這個模式談？而我不懂的地方就問問題，問到懂為止。**

沈：行！多問問題，也助於大家有系統地去認識事物，認識整體，從一個結構到一個大系統。

法無定法，法不是不變的

吳：沈老師，我發現法和前面的美、善、義很不一樣。美、善和義，一講就很清楚地規範在哪個層次裡，但是法本身有好多層次可以講。

沈：你說得很對。不過，雖然法可以分不同層次地講，但它在時間和空間上都是有局限性的，這就是所謂「法無定法」。

法無定法

吳：什麼意思？

沈：所謂「法無定法」，意思是說：法不是恆定的。真、善、美是一個趨向、一個方向，它是不變的，但是法不是不變的，它是必須在空間或時間中不斷變化的。也就是說，在這個階段，法是適合的，但過了這個階段，原先的法可能就不適合了。

為什麼我一直不願意寫書，其中一個原因就是法無定法。法再好，或者說規律再好、再了不起，它也只是一艘小船，它可以幫助你渡過這條河，但過了這條河，你就一定得把這艘船扔掉，不能再把它扛在肩上。也就是說，它是有階段性的。一旦你把法看成定法，它就變成框架和負擔了。

吳：但我覺得到目前為止，你講得都很棒很棒……

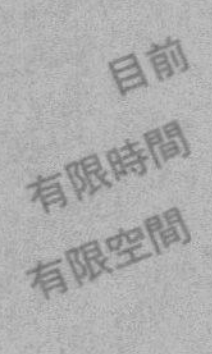

沈：你也說了，是「目前」！目前畢竟是一個有限時間和有限空間。在有限時間、有限空間裡，和它相適應的這些法，必然是會起到很重要作用的。

吳：至少在目前，它還是一個定法，對嗎？

沈：是。

吳：而且，有一點我覺得你講得最棒：善跟法是互相有連繫的。從大的角度上講，法實際上是推動著人們去行善，走向行善的軌道。

沈：而且，只要有一個分子的投入，它的勢能就更大，它會帶動更多分子也往這個方向去投入。

吳：形成一個趨勢。

沈：對！一般人看一件事物時，常常會把它理解成一個平面，或一個靜態，實際上沒有一件事物會是平面的或靜態的，所有的事物都處在一種動態模型中。

動態模型

吳：**動態模型？**

沈：對。所謂的「動態模型」，往往是指兩種狀態：一種是在良性循環的過程中，一種是在惡性循環的過程中。而我真正想要給予人們的是什麼呢？就是當人們處在惡性循環的時候，怎麼樣透過一個最最簡單的方式，找到一個點，使它轉化為良性循環。一旦步入良性循環，事情就好辦了，因為良性循環只要一開始，它就會結為一股勢能，繼續下去。所以，關鍵是你要懂得在什麼時候去摁下按鈕，把惡性循環扭轉成良性循環。基本上，守一之道講的全是這些。

良性循環

守一之道

吳：**也就是找到那個改變的轉捩點。**

沈：對，這是很重要的思維定勢。實際上，守一之道講的就是思維定勢。如果掌握到這些思維定勢，這個人要成功是太正常了。我說的「成功」，不是說這個人聰明就能成功，不是，就是一個平平直直的人都一定能成功。

要成功
是太正常了

吳：**它能推動著你走上良性的軌道。**

沈：對。當你的外部世界一層層打開、一層層激發的時候，你的內部世界也一定是一層層打開、一層層激發。所以，即使這個人當初看來平平直直，到後來也完全不一樣了。在這個世界上，一個人只要能擁有幾項好的思維定勢，那就很了不起了。

一層層打開
一層層激發

吳：**哦？**

沈：因為這個世界其實是很脆弱的，每個人都有很多很多障礙，有很多很多不好的思維定勢把他們框住了。很多人的資質就像是高級賓士車，但因為內部互相摩擦，自我矛盾衝突，結果開起來軋軋軋響，加上方向也不清楚，實際上是開不快的。

反過來，也許你開的是一輛拖拉機，但是你這台拖拉機沒什麼自我摩擦，怎麼繞來繞去都沒問題，你可以開得很自在、很順暢，開得比別人快，於是你能不中斷地一直朝目標開去。並不是別人的能力都比你差，不是這樣，而是他們有些不好的思維定勢，多了一層自我磨擦、自我掙扎，就算是再好的車最後也都被磨掉了，是吧？

吳：**沈老師，你把大系統導入到現在的局限知見中真好，是超越了以前講的層次。**

沈：現在幾點了？

吳：**6 點 10 分。**

沈：那今天就講到這裡。

吳：**好的。沈老師，謝謝！**

2003年12月10日 # 第六回

■舒暢

沈：上次我們不是談了幾個有關漢字的故事嗎？

吳：**對。你是說瞭解漢字的本意，對思維定勢影響非常大？**

沈：沒錯。今天我再補充一個漢字故事——「舒暢」！

吳：**怎樣才叫作舒暢？**

沈：你問得很好。怎樣才叫作舒暢？

舒暢不是一種結果，而是一種行動。

吳：**舒暢是一種行動？**

沈：對。而且是你自己做出來的行動。

吳：**不懂。**

沈：有一次，有位官員跑來找我。在別人眼裡看來，這位官員是很令人羨慕的，有身分、有地位、有權勢，但這樣的人，壓力也是不小的。那次他來找我就是來訴苦的，他說：「沈老師，我不舒暢啊！」

我問：「你怎麼不舒暢啦？」

他說：「我從早到晚都不舒暢，沒有一件事是讓我舒暢的。」

當時我就跟他說：「舒暢不是一種結果，舒暢是自己做出來的，它是一種行動。」

舒暢是自己做出來的

■能捨能予，才是舒；能伸能易，才是暢

沈：當時，他馬上就問：「怎麼我從沒聽過這種說法？怎麼說它是行動，不是結果？」我說：「當你做到舒暢，你就舒暢了，但先決條件是你得去做，所以說舒暢是行動，不是結果。」

舒暢是行動不是結果

吳：**那怎樣才能做到舒暢呢？**

沈：你看「舒」這個字，它的左半邊是「舍」，右邊是「予」，也就是說，「能捨能予」才是舒。一個人要是不能捨，這也牽掛，那也累贅，什麼事情都攬在身上，什麼都不肯給出去，你叫他怎麼舒呢？沒法兒舒呀！

能捨能予才是舒

吳：**而右半邊的「予」……**

沈：予就是「給予」呀！

吳：噢！

沈：你光捨了，還不是舒，捨只是一個前提，一個人必須做到能捨能予，才是舒。所以，舒不是一個結果，而是對你自身的要求，是要你自己去做出來的。你只要做成了，就是舒了，沒有做或者做不到，就不舒。

吳：但是為什麼捨了、給了，就能舒呢？

沈：如果你該捨棄的捨棄，該給予的給予，整個人坦坦蕩蕩，毫無罣礙，能不舒嗎？可是，要是你不肯捨棄也不肯給予，這個藏著，那個掖著，這個牽著，那個掛著，滿身都是負擔，既不肯放下又不肯給別人，你整天戰戰兢兢都來不及，煩惱恐懼都來不及，還談什麼舒呢？

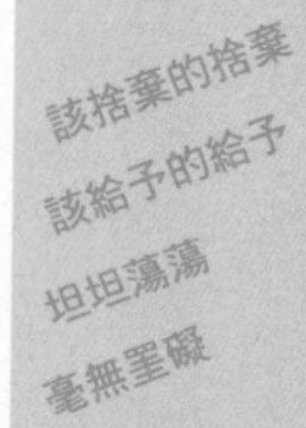

吳：所以，舒是能捨能予、有捨有施，那「暢」呢？

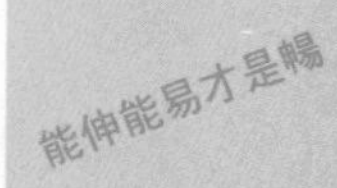

沈：暢這個字呢，左半邊是個「申」，右半邊是個「易」，所以「能伸能易」才是暢。比方說吧，你開著車在小巷子裡迎面碰上了一輛車，你要是不肯主動往旁邊讓一讓、主動易位，那整條路就被你們倆的車堵死了，還暢得了嗎？

小草能破土而出也是這個道理。它想往上長，可偏偏有塊石頭擋在上頭、芽冒不出去的時候，它怎麼辦？它避開石頭，繞個彎不就一下子冒出頭、往上伸了嗎？要是小草不肯易位，不肯往旁邊繞一下，偏偏就是跟石頭槓上了，它還能伸嗎？它伸不了呀。所以，能易能伸，你才能暢。

記住了，能捨能予始為舒，能易能伸始為暢，舒暢是你自己做出來的，不是天上掉下來的。當你不舒暢的時候，你應當反省自己：是不是有什麼地方不肯捨、不肯予了？還是什麼地方不肯易、不能伸了？

吳：也就是應該檢討自己的作為。

沈：對，因為你不舒暢，是你自己沒做到舒、沒做到暢。當時，那位官員聽了我的說法很興奮。他很聰明，悟性也不錯，就說：「我做夢也沒有想到舒暢是可以自己做出來的。不舒暢了，我只會怨天尤人，還不敢告訴別人，全壓在心裡成了負擔。要不是有沈先生你呀，我還不知道跟誰說去！現在，我知道了，下次再不舒暢，我馬上檢查自己哪個地方沒有做到舒、哪個地方沒有做到暢。檢查完，立刻去做，做到了，我不就舒暢了！」

做到舒、做到暢

吳：這跟你上次說的「容易」一樣，瞭解了它的本意，把它貫徹到日常生活裡，它就成為一種思維定勢了。

沈：對！

說到思維定勢，我倒是有個親身經歷可以說說。

思維定勢

吳：太好了，又有故事聽了！

一顆糖的愛心和關心

沈：你知道，我自己是有司機的，不過我還是經常坐計程車。為什麼呢？因為有時候時間耽擱得太晚了，我不忍心讓司機一直在車上等，反正北京很方便，隨時都有計程車可搭。

有一次，大家聚會結束後已經半夜一點多了，本來朋友想送我，但我說：「不用送了，我的司機在樓下。」實際上，司機早就回去了。

我一個人到了樓下，看到對面有計程車，於是我沒等他繞過來，就快步過了馬路。計程車司機也早看到我了，他看我過了馬路，便減速等我，所以我一到計程車旁邊，就打開車門上了車。剛一上車，我又接了兩三通電話，聊了一會兒，等我講完電話、關了手機，計程車司機忽然遞給我一顆糖，說：「來，吃顆糖！這麼晚了還這麼多事

一顆糖

情，你真辛苦！」

吳：這人不錯嘛，還請你吃糖。

沈：是呀，當時我心裡就被觸動了一下，覺得這個人很有愛心，這麼能關心人，又這麼細心，很是難得。本來我是打算閉上眼睛歇會兒的，這麼一來就不自覺地看了他一眼。這一看呀，發現他根本不像個開車的，整個人非常精神、非常有元氣，而且五官輪廓清晰，氣宇不凡。你知道我看人是很準的，所以就開口問他：「你怎麼官不當，跑來開計程車啦？」他一聽，愣了，回說：「你怎麼知道？」我說：「你先別問，我的問題你還沒回答呢。」

他告訴我，他很年輕就當上國營單位的處長了，工作是很穩定沒錯，但他覺得沒什麼挑戰性，所以就決定到外面闖闖，自己創業。可是他畢竟年紀輕，沒有太多社會經驗，加上積蓄也有限，所以創業不到一年，本錢就花得差不多光了。他一看苗頭不對，趕緊買輛計程車，暫時先開計程車養家餬口。

聊著聊著，他就說起了最近碰到的一件怪事。

吳：怪事？

三輛車

沈：嗯。他說最近他開車出門做生意的時候，都會有三輛車跟著他：一輛開在他前面，一輛和他並排開，還有一輛跟在他後面。那麼，只要前面有人要搭車，開在他前面那輛車就會搖下車窗，不知道跟客人說了什麼，客人就往後退，不搭車了。如果前面那輛車沒來得及先攔下客人，那麼和他並排的那輛車就會故意擋在他和客人之間，讓他沒法靠過去載客。

吳：存心不讓他做生意就是了。

天天護駕

沈：對。萬一前面這兩輛車都沒成功攔住，跟在他後面那輛車就會加速衝上來，阻擋他載客。不知道為什麼這三輛車就這樣天天護駕似的跟著他，害他整整一星期沒載到客人了。我呀，可是他這個星期載到的第一個客人！要不是我自己過了馬路，突然就開了車門上車，我肯定也上不了他的車。

吳：所以那天你坐他的車時，前面、後面、旁邊也都有車跟著？

越說越激動

沈：對對對。當時他越說越激動、越說越激動，怒火壓都壓不住了，

大砍刀

最後憤怒地說：「別想我好欺負！我大砍刀都準備好了！」他的車很小呀，他說這些話的時候，我可以感覺到整個車子裡全是殺氣！而且，那天他是故意磨蹭到半夜一點鐘，準備開往偏遠的地方好好教訓他們的。

他說：「我都想好怎麼做了！」

他打算找個偏僻地方，突然煞車。他煞車，後面那輛車一定也會跟著急煞車。這時，他再下車，衝到那輛車前面使勁拍它的擋風玻璃板，然後就快速轉身往回走。他算定後面的司機也會下車跟過來，等到對方走到他背後，他也剛好有足夠時間可以把車裡的大砍刀拿出來，這時他只要一轉身就可以出其不意給那人一刀。

殺氣騰騰

他殺氣騰騰地說：「看他往哪兒跑！」

吳：哎喲，他是真火了！

沈：是呀，氣得都打算預謀殺人了。

兩個冤鬼

不過，我聽完後告訴他：「你這一刀砍下去，可是兩個冤鬼呀！」他說：「冤什麼冤，他們這樣前前後後扯亂，搞得我整整一星期沒載到一個客人！我哪裡招惹他們了。」他突然想起我說的話，趕緊問我：「你怎麼說會有兩個冤鬼？」

我說：「你想想，他們天天跟著你，每天損失的人工費、汽油費，肯定是有人付的。既然是被人雇來的，那麼原因他們十之八九是不知道的。什麼都不知道，就這麼稀里糊塗被你一刀給砍死了，你說他冤不冤哪？是不是冤鬼呀？」

吳：嗯，有道理。

沈：接著，我又說：「至於你呢，既不知道是誰在背後搞鬼，也不知道人家是為了什麼跟蹤你、阻擋你做生意，自己就要因為殺人被判死罪了，你不是第二個冤鬼嗎？你連自己怎麼死的都不知道，你不冤嗎？」

吳：那可真是冤死了。

沈：其實，我還說少了呢。對方可是有三個人跟著他的，一個人被砍了，另外兩個人也會過來看吧？如果那時候他殺得興起，誰知道還會出什麼事？

再說了，這些人家裡還有妻兒老小。說實在的，開車的人都不太可能有什麼積蓄，而且多是家裡的頂樑柱。他們一死，家裡的妻兒老小怎麼辦？受窮的、著急的、得病的、上吊的都有可能，到時會有多少冤鬼都說不清楚了。我說有兩個冤鬼，實在是最少最少了。

當時，他一聽我這麼說，就愣住了，大叫道：「對呀，是誰付錢叫那三個人天天跟著我的？他想幹麼？」又連忙對我說：「幸虧你提醒我，不然我死也不知道這是怎麼回事，真成了冤鬼！」

他馬上問我：「那你說，該怎麼辦？」

我說：「當然是先沉住氣啊。你要冷靜下來，弄清楚到底是誰在背後主導。這個怨可不小啊，人家花大錢在跟你玩，你一定要弄弄清楚，是不是？」他說：「對、對！我先把事情弄清楚再說。」這時候車上已感覺沒什麼殺氣了，於是我繼續又說：「人生苦短呀，很多人一生都只是忙著養家餬口，沒什麼故事，也沒什麼情節可言。想要活得有故事、有情節，還得花大錢。所以，你算是有福氣的了，有人花錢來給你增加情節、增加故事呢。你就陪他玩一玩吧，人生的故事和情節不就是這麼來的嗎？」

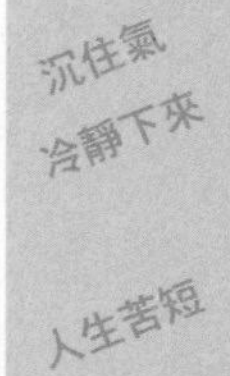

吳：呵呵！

沈：我到家之後，司機千謝萬謝的，說什麼也不肯收我的錢。但是我跟他說：「你不用謝我，你要謝的是你自己。要是當時你不給我一顆糖，不說那句話，說真的，我確實累了，只想閉閉眼睛休息休息，等我下了車，你愛砍誰砍誰去，誰也幫不了你。但是，正是你自己的一點關心、一點細心、一點愛心，救了你自己。所以你要謝，就謝自己，謝謝自己的愛心，謝你自己對人的關心和細心。」

吳：你說得真棒！

後來你跟他還有聯絡嗎？

沈：沒有，但是我相信他以後應該是不錯的。雖然這只是一件小事，但是他的思維定勢很可能會因此發生變化。以前他屬於那種常規的思維定勢，人家無緣無故招惹他，他會忍，但隨著人家不斷找他的碴，他忍著忍著，終有一天忍下的怒氣積累到一定程度還是會爆發的。但是經過這一次，以後他看人看事的態度就不一樣了，他會更加開闊地去看，去思量。

吳：對，因為有了這次的經驗。

機會都是以危機的形式出現

沈：實際上，他是經歷了一次劫難。你要知道，所有的機會都是以危機的形式出現的，當他度過這次危機，他也獲得了人生中最重要的機會了。

吳：有沒有可能一個人從危機裡沒學到東西？

沈：沒能從危機裡學到東西也很正常。但是我說的「沒學到東西」是指「沒學到好東西」，這種定義只是狹義的。事實上，如果你在危機中學不到好東西，必然會學到壞東西；學不到積極的東西，就會學到消極的東西；學不到辯證的東西，那麼就會學到絕對的、僵死的東西。

危機這種表面形式呀，某個角度來說是降伏弱者的，當一個弱者採取逃避的方式，躲開了危機，很可能這個機遇也就和他擦肩而過了。但是，如果一個人能夠迎向危機，把危機看成像巧克力一樣的好東西，那就沒有什麼危機了，而是一個機遇。只不過，面對危機能夠迎上去的人還是少。

迎向危機

吳：沈老師，我發現你說的這些故事都可以讓人學會從不開心轉到開心。

把危機變成機遇

沈：你說的對，因為這些故事的目的就在於改變人的思維定勢，把危機變成機遇。

吳：對。到目前為止你所講的一切，包括容易、舒暢、守一之道，實際上都是要讓人開心。難怪第一天一開始你就說這本書的主題是「開心」。

沈：對呀！

吳：我覺得這些故事其實都是在教我們怎麼做人。

能學會怎樣成功地做人，也就懂得如何面對問題、處理問題，當然也就開心了。

沈：答對了！

■拋開標準答案，開始自由思考

吳：沈老師，你能不能多講一點故事？因為從故事去瞭解你背後的哲學，那是最直接、最有效的方式。

沈：可以啊，你想聽哪一類故事？

吳：唔……比如說還有沒有跟創意有關的故事？上次你講「三心二意」時說過：一個人要開心，必須有平常心、方便心、敬愛心，以及誠意和創意。我覺得前面四項是可以提醒自己慢慢去培養的，但創意就比較困難了。可是，創意又很重要，面對困境時就很需要用創意去處理問題。

我記得以前看到一個故事就挺有創意的。

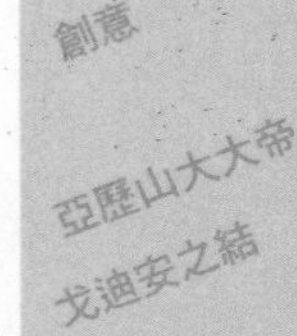

沈：哦？

吳：那是講亞歷山大大帝和戈迪安之結 (Gordian Knot) 的故事。相傳，亞歷山大大帝率領大軍攻打波斯帝國時，來到了戈迪安城。在城門前，留有一個很複雜的繩結，據說這個繩結是當年創建戈迪安城的國王所打的，而且自那時起就有神諭指示：「誰能打開這個結，誰就能攻下波斯帝國，成為亞洲之王！」

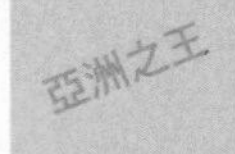

當時亞歷山大統治的馬其頓王國只能算是個小國，想要一舉扳倒龐大的波斯帝國，如何鼓舞全軍士氣，讓他們擁有必勝的信念，這是關鍵。而這個關鍵就在於解開戈迪安之結。

在大軍的矚目下，亞歷山大走到戈迪安之結前。看著被歲月侵蝕得解不開的繩結，他靈機一動：「我為什麼非得照常規

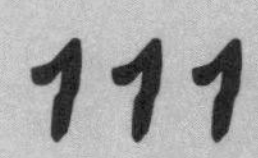

百年難解的結

解開此結？」於是，他拔出劍，一劍劈開了百年難解的結！
我覺得像亞歷山大大帝這樣能跳脫傳統思考模式、從另一個平台去思考問題，這才叫創意！

沈：創意呀，其實也是一個大系統。

吳：哦？

教創意

沈：我在大學也教創意，我就說說我是怎麼教創意的。

吳：好呀！

想像力
創造力

沈：第一步，我要讓學生們重新回到他們的兒童時代。為什麼呢？因為人一生下來，他的想像力、創造力，什麼都是具足的，只是後天將它們屏蔽了。

吳：什麼意思？

畫了一個點

沈：我舉個例子。第一堂課時，我在黑板上畫了一個點，然後問學生：「這是什麼？」

第一個學生說：「那是一個點。」

我又問第二個學生，他也回答：「那是一個點。」

我再問，第三個學生一樣回答：「那是一個點。」

一連問了好幾個之後，學生們開始覺得不對勁了：「為什麼老師還不停地叫我們起來問呢？可見回答得還不夠嚴謹。」

於是，接下來被問到的學生說：「那是一個粉筆點。」

我繼續再問一位學生，他說：「那是黑板上的一個粉筆點。」

繼續問下去，通常不會有其他答案了。

這時，我告訴這些學生：「同樣的問題，我拿來問幼兒園的小朋友，他們沒有一個人的回答會是一樣的。有的小朋友

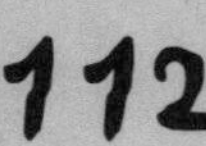

告訴我：『那是一隻大狗。』有的小朋友說：『那是外星人。』還有小朋友告訴我：『噢，那是爸爸！』」

為什麼是爸爸呢？因為爸爸送他進教室以後就走出去了，而小朋友卻趴在窗口看，一直看到爸爸越走越小、越走越小，最後變成了一個點。

這說明了什麼？

說明一個人在兒童時代時，他的想像力是完全自由的，他的創造力是沒有障礙的。他可以和這個世界自由地溝通，可以和一片雲說話，可以和布娃娃做朋友、和布娃娃講故事、哄布娃娃睡覺。他能夠和這個世界自由自在地聯絡感情。

所以說什麼叫「創造力」呢？創造力就是：面對任何問題，你都能夠想出無數的方法來。這種思維模式，我們稱作「發散型思維模式」。

發散型思維模式

可是，從小學開始，我們的教育就從來不是發散的。對於任何一個問題，哪怕全班有五十個人，也只能有一個標準答案，誰要偏離了標準答案，馬上給他打個叉，等於給他一個心理暗示，讓你下次不敢偏離標準答案。

標準答案

慢慢地，學生不敢再偏離標準答案，不敢再自由發散地思考。整整六年，經過這種思維屏蔽的模式訓練，所有人對於任何問題只會有一個答案，他們的創造力全部被屏蔽住、被鎖住。中學六年繼續屏蔽，而且更加嚴格。到了大學，還是屏蔽，最後校方告訴這些大學生：「你們現在成材了，可以大步往前走了。」但這時候他們的思維已經完全被屏蔽了。

被屏蔽住
被鎖住

當他們大步走進社會的時候，他們很快就會受到挫折，因為他們發現，沒有哪個題目是有範本可以抄襲的，每一個都要自己作主、自己判斷。如果他是學設計，那就更慘了，因為他好不容易設計出來的東西，上專利局一查，早就有人報備過了。也就是說，他設計的東西沒有一件能夠跳脫框架、跳脫藍本。

跳脫框架
跳脫藍本

所以，在課堂上我要求所有學生：「現在，就當你們是做一場夢，當自己還在幼兒園，完完全全沒有被屏蔽。在這個課堂上，永遠不會打叉，只要你想到的，就有理由存在。我不是檢查你對或錯，這裡沒有對錯，我的評斷只在於：你能想到多少？包括你思維的展開度有多少？你想像力的展開度有多少？」

沒有對錯
你能想到多少？
思維的展開度
想像力的展開度

然後，我在黑板上隨便畫一個東西，要求所有學生在三分鐘之內寫出二十個以上的答案來。在這個過程中，我不停地跟學生說：「沒有對，也沒有錯，你怎麼寫都可以。」如果不這樣講，這些大學生受對錯的影響太久、太深了，他會不敢去想，不敢去寫，因為他的思維已經完全被屏蔽住了。

所以，說到創意，實際上是很慘澹的。人一旦成年以後，就意識不到創意了，因為從小受到嚴格的現代教育，他的思維基本上已經形成了。當然也有一些天性很強的人，他們始終沒有被真正地屏蔽住，他們不停地做小動作，不停地堅持要有自己的想法，老師一轉頭不注意，他們就弄自己的東西，在本子上胡寫亂畫。他們給自己保留了一小塊自由的天地，一個創新的、小小門窗的通道。但這樣還是遠遠不夠的，我通常會要求學生要全部打開，重新再來，如果能真的做到，那麼到時各種匪夷所思的創意就會源源而來了。

全部打開

吳：等於你把原先鎖住他們腦子的東西解放了？

沈：對！

關於開拓創意，是有一整套方法的，實際的案例故事也很多。這麼多年來，我之所以有那麼多學生能夠走上檯面和世界競爭，就是因為這一套方法的穿透力非常強，可以讓一個普通人很快變成一個非常了不起的人。

它能讓上課的學生每天都處在一種特別振奮的狀態，每天都會為自己感到吃驚，完全想不到自己是一個了不起的天才。更讓他們吃驚的是，他完全想不到：原來全班每一位同學全是了不起的天才。班上的每一個人會一直處在一種癲狂的狀態中，互相感到吃驚，互相讚美，互相敬佩，同時也敬佩自己。

短短一個月的訓練，他們一直處在這樣的狀況下，到最後就能激發出原本沒有的能力，比如原本不會畫建築圖的學生，可以當場畫出整個未來城市的藍圖。

吳：真的啊？

沈：真的。

吳：只要一個月？

沈：對，只要一個月就能把他們儲存的信息全部打開、全部給激發出來。

吳：這是不是一種「敢」和「信心」的問題？

沈：這不光是一系列思維的訓練、智慧的訓練，還包括一系列能力的訓練，比如激發他們大腦的加速運轉。

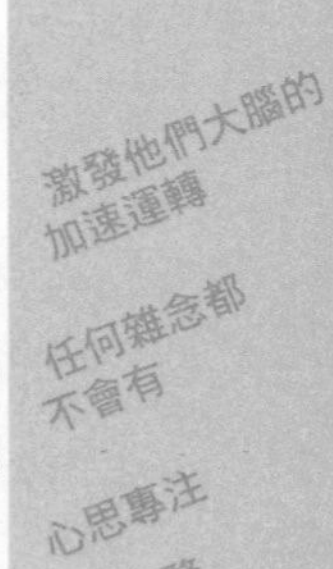

你要知道，一個人的大腦運轉速度如果太慢，反而容易讓雜念乘虛而入的。相反的，如果大腦運轉速度夠快，腦子裡任何雜念都不會有，就像電風扇轉得夠快時，水連潑都潑不進去一樣。而越是心思專注、越是心無旁鶩，做起事來就越不容易出錯。所以，並不是事情做得越慢，越不會出差錯，不是的。做作業做得慢的學生，十有八九特別容易出差錯，不出差錯的，反而是那些作業做得很快的學生。

吳：真有意思！

大腦運作的速度越快，雜念越進不去！

沈：對呀。

吳：可是沈老師，這屬於開拓創意的訓練問題呀，我還是想知道有沒有用創意解決難題的實例？

比如說我吧，現在實體書的出版市場就面臨被電子出版嚴重擠壓的局面……

沈：你是想聽聽實際案例是吧？

吳：對對對！

沈：有一個倒是可以說說。

▌左腳要邁出去，重心得先移到右腳上

沈：那是好多年前的事了。我認識一位包工頭，他是做建築的。有一天，他跑來跟我說：「沈先生，我真是時運不濟呀！以前是形勢好，政策不好；現在政策是好了，但形勢卻不好了，弄得我好痛苦。」

吳：什麼叫形勢好、政策不好？政策好、形勢又不好了？

沈：以前呢，是形勢好，建築業有發展，但政策不好，都是公家的承包案，雖然這位朋友在建築業得過不少榮譽，但對接案子卻沒什麼幫助。現在政策是好了，但形勢卻差了，建築業開始不景氣，變得很難做。

吳：難怪他要抱怨時運不好。

沈：是呀。當時，我就問他：「那你現在最想做的是什麼呢？」他說：「我最想做的是舊城改造。」

舊城改造

吳：舊城改造？為什麼想做這個？

沈：表面上看起來舊城改造很吃力，但在當時這是最穩定的工作。

吳：為什麼？

沈：因為是替公家做事，肯定不會賣不出去…

吳：哦，我懂了，因此肯定可以拿到錢，對不對？

沈：對。它有國家政策在背後支持，肯定不會出問題的。這麼有保障的工作，誰不想做呀。我這位朋友很精明，當然也很明白其中的關竅。

我又問他：「你老家在哪裡呀？」

他回答：「在北京郊區那裡。」

我繼續問：「那你老家那裡可有什麼東西是比較特別的？」

他想了想，說：「我們那兒有個金礦！」

金礦

那個金礦很大的，日本人曾經開採過，挖出來後都直接運回日本去了。解放以後，國家也派了勘查隊去勘查過，但勘查勘查著就擱在那兒沒動了。當時呢，礦產可以自由開採，也有很多人在挖

金礦，但開挖的都是小型金礦，畢竟小型金礦容易挖，投入不用多，風險小一點。像他老家那個大金礦反而沒人理。

於是，我對他說：「好，你就回去把那個大金礦給承包下來！」

吳：啊?!不做舊城改造啦？

沈：別急，你等我講下去。

我接著又問：「除了那個大金礦，你老家那裡還有什麼？」

他說：「我們縣裡還有很多鉀長石的礦。」

鉀長石

吳：鉀長石？那是做什麼用的？

沈：鉀長石裡含有鉀，可以用來生產鉀肥。他老家那邊的山裡鉀長石的蘊藏量特別特別多。

所以，我跟他說：「這也是一項資源，你把鉀長石的開採權也承包下來！」

吳：啊，承包下來幹麼？

沈：我幹麼叫他這麼做？這其中關係到一個概念，那就是：想做長遠的東西，你要從它的對面、它的反面切入。就好比說，你想跳起來，得先蹲下去；左腳想邁出去，重心得先挪到右腳上來。

從對面、反面切入

想跳起來，得先蹲下去

重心得先挪到右腳上來

那位朋友不是想做城區改造嗎？那他就得從農村開始，把重心放到他的家鄉上去。而重心切入到家鄉的礦產之後，同樣的概念還可以再拿出來運用……

吳：從對面、反面切入？

沈：對！所以，我跟他說：「越是農村的東西、越土的東西，你越是要切入到高科技、高等學府裡去。」

我讓他去找農業大學合作，請專家們幫他做專題研究，比方說鉀長石怎麼變成鉀肥、國家現在對鉀肥的需求程度有多緊張……據說，長江以南現在都沒有鉀礦了，所以每年不知道要進口多少多少億的鉀肥，反正把這些數據都做成研究報告。

接下來呢，就要把這些報告和他的礦產結合在一起介紹出去。我讓他聯繫國家紀委、國家經委、北京市委、各區的區長，還有學術單位的專家、銀行單位的人也都找來，大家一起參加他的發表會。在發表會上，就由農業大學、農科會的教授們上場，介紹我們國家現在缺少多少鉀肥、要花多少外匯去進口鉀肥，而這個老鄉手上那個鉀礦蘊藏量有多少、預估能用來生產多少多少鉀肥、能供應國家多少多少年的鉀肥需求、能省下多少多少的外匯……哎呀，你不知道現場講得有多激動！我記得北京市當時來的是個副書記吧，他就說：「這麼重要的事我們不支持，那還支持什麼！」於是，銀行方面也很起勁，願意貸款給他。哇，搞得我那位當包工的朋友也激動得不得了。

不過，發表會中場休息的時候，我跟他說：「接下來，你要想想該怎麼提起你那個舊城改造的承包案了。」他傻眼了，說：「什麼舊城承包案？」我說：「你當初不是說想做舊城改造嗎？」剛剛會場裡國家紀委、國家經委、北京市委都紛紛起來發言表示支持，氣氛很熱烈，他自己也很投入，都忘了做這一切原本就是為了舊城改造。

被一提醒，他回神了，說：「對噢，舊城改造。可是，鉀礦開發是多麼好的一件事，我們怎麼又去……」我說：「這麼好的事，你現在做得起來嗎？我讓你蹲下去，是為了讓你跳起來，你怎麼蹲下去就盤著不動啦，趕緊回過來！」他說：「怎麼回啊？」我說：「先回到金礦，然後再說你的舊城改造。」

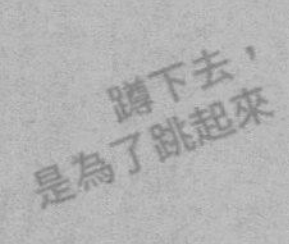

於是，會議的下半場他就講起了他那個金礦。

吳：你之前叫他承包下來的那個金礦？

沈：對。那個金礦非常有來歷，日本人在的那時候就已經是整個區最大的金礦了。

吳：他承包下來了？

沈：對，在這之前他就承包下來了。

吳：他怎麼會拿到開採權？

沈：那時候沒人要呀。那時候大陸的礦產資源沒人管，又在鄉下，他去承包人家就給他了。

吳：這樣呀！

沈：當時大家一聽，這才知道：原來這位不僅手上有鉀礦，還有個大金礦呀！這時，他很聰明的話風一轉，順帶提了一下：「其實，我是從做建築開始的，現在看到從中央到北京市都這麼支持我的開發案很是感動，我也非常希望對地方能夠有所回報，幫忙做一些舊城改造的工作。」

吳：呵呵！

沈：你可以想像一下他這麼一說之後大家的反應。各區的區委們心想：這人這麼有錢卻又不死抓錢，多麼可靠呀！於是區委們都盯著他要把舊城改造交給他做，他一下子拿到了好幾個舊城改造的案子。銀行的人一看他拿到了這麼多個舊城改造的案子，前面不是說了，舊城改造是最不會出問題的投資了，也都追著要貸款給他。那個時候呀，貸款很難很難的，可是銀行卻因為他手上有舊城改造，拚命貸款給他。結果，這麼一個包工頭，一下子成了兩個集團的董事長。

兩個集團的董事長

吳：呵呵！

沈老師，你可以說是幫了他好大一個忙。

沈：這沒什麼，順便嘛。

吳：你把一個小小的包工頭變成了大富翁耶！

沈：這都是隨緣，沒有什麼的。

吳：他以前賺得多嗎？

沈：沒賺什麼，就是一個小包工頭，因為長期在外頭包工，可以把家鄉裡的人帶出去做工，所以在鄉下有一定的影響力。

吳：難怪鄉下的領導那麼容易就把金礦的承包權給他了。

沈：他在城裡當包工頭很多年了，也得過很多獎狀，所以家鄉的人對他很信任。那時候，那個金礦誰都不敢碰、誰都不敢要，他願意承擔下來，鄉下的領導簡直感激得不得了，不知道還給了他多少優惠呢。

吳：那他後來真的去開採金礦了？

沈：我當時一直叫他別去碰金礦，承包下來就放著，他後來還是碰了，賠了一點錢。

吳：那他還在做他的包工？

沈：他本來就是想做舊城改造的嘛。他那兩個集團，其中一個就是做

跳出自己的格局

房地產的。

我講這個故事，其實要說的就是讓你知道如何跳出自己的格局。你看我這位包工朋友，他覺得自己時運不濟，覺得形勢好的時候政策不好、政策好的時候形勢不好，覺得自己都窮途末路了，這是一般人的思維定勢。但實際上，這個世界的資源全都擺在你眼前，就看你會不會用。這個社會是開放的，這個世界也是開放的，裡面的資源太多太多了，你拿都拿不完，可是你善用了嗎？

吳：也就是說，每個人的機會都是平等，都可以去用它們，但會不會用、懂不懂得用就看你自己了。

沈：對極了！

一個因，就是一顆種子

吳：沈老師，我再問一個問題，是有關方便心的。

沈：好呀，什麼問題？

吳：之前我們談到「三心二意」的方便心時，不是提了一個自行車讓路的故事嗎？

你說因為自行車主動讓路，就結下了一個善果。相反的，要是騎自行車的人沒有方便心，硬是不讓路，使得後面的汽車「叭叭叭」按喇叭按個不停地催促他……自行車騎士因此會生出抵觸心，而這個抵觸心就成了惡果，最後變成癌症……

沈：不，不是這樣。

首先，我們不能就因此說他肯定會得癌症。

吳：嗯……

抵觸心

種下一個因

沈：這樣講就沒有道理了。我只是講，因為人家使勁給你按喇叭，那麼你勢必會從心裡生出抵觸心來與之相抗衡，反而讓你更是不願讓路了。而正是這樣的抵觸心，會在你心裡種下一個因，而這個因呢……你要知道，所有的種子都會長大的。

吳：因為抵觸，所以種下了一個因。抵觸就是因。

一個因就是一個種子

沈：對。一個因，就是一個種子。它很可能長長長，長成一棵大樹，最後變成癌症了你都不知道。你自己作夢也想不到，癌症就是當初種下的那個小小的種子。

吳：好。

沈：前面我提到一個概念，那就是：人體是全息的，它和所有事情不斷在互動中。它永遠是一個動態模型，只是有些處在良性循環的過程中，有些處在惡性循環的過程中。但，只要有一個小小的因，一個推動力，有些是會逆轉的，可能是從惡性循環轉成良性循環，也有可能是從良性循環轉成惡性循環。

人體是全息的

良性循環

惡性循環

也就是說，千萬不要把一件小事看成是孤立的、靜止的，或者不發展的。任何一件小事情，都有可能是一件大事情的推動力。

吳：瞭解。

沈：如果當初種下一個善種子，那麼只要得到適當的氣候、適當的環境，它就會長成一棵大樹。但如果種下一個不好的因，等於種下一個不好的種子，在一定的環境和氣候下，它也會長大。

種下一個善種子

吳：如果把沈老師你講的套用到讓路那個故事的話，是不是說：當你讓路了，給人家方便了，你會覺得很舒服，這個舒服就等於是一個善果。你也因此學到：給人方便，自己也會舒服。從此以後，你很自然而然會給人方便，最後變成了一種習慣、你的思維定勢。可以這樣說嗎？

沈：嗯。我說的方便心肯定是指它形成了一個思維定勢，一個習慣，而且是一個好習慣。但現在我們講的不是什麼是方便心，而是為什麼會出現福報的偶然性。注意，不是必然性，而是偶然性。雖然說是偶然性，但如果你不停地做、不停地做，讓偶然性的機率大到一個程度，不就等同於於必然性了？

偶然性

必然性

吳：噢！

沈：我舉個真人真事的例子給你聽，是有關艾森豪的。

吳：二次大戰盟軍最高司令官艾森豪將軍？

沈：對。有一天，他去開緊急會議的途中，看到一對老夫妻站在路旁等車。當時下著雪，天氣非常冷，兩位老人家凍得快生病了。

艾森豪看到了，心想：「要是順路就行個方便，載他們一程好了。」於是他讓司機停車，問問兩位老人家。原來，老人家是要去巴黎投奔孩子，站在那兒等公車等半天了也不見車來。艾森豪聽了，便決定帶上兩位老人家。可是，隨從和祕書都不同意。

吳：**是呀，太危險了，要是間諜怎麼辦。**

沈：倒沒覺得那兩位老人家是間諜，只是覺得沒必要，他們趕著要去開會呀，再說兩位老人家等的公車遲早會來的。但艾森豪很有方便心，他覺得不過是繞點路就能幫幫兩位老人了。最後，當然是艾森豪說了算。於是，他們就把兩位老人送到巴黎，然後再從巴黎轉到開會的地方。

沒想到就在那天，德國本已經獲得準確的行車路線情報，做好全面埋伏，準備在路上刺殺艾森豪。結果，因為艾森豪的行車路線改了……

吳：**刺殺行動也泡湯了。**

沈：對呀。如果不是他的一點方便心，那麼改寫的就不是他的個人生死了，而是整個二戰的歷史。

所以，別小看這一點方便心，方便心最了不起的地方就在於它是完全沒有目的、完全沒想求取回報的，它只是順便做一件好事！這反而是最純粹、最了不起的，它種的善因也最大。

沒有目的

吳：**它會形成最大的善因，是因為它不求回報？**

沈：對，不求回報。

不求回報

吳：**也沒有目的。**

沈：對，沒有目的。這樣的方便心已經達到悟的程度，也就是「我心」的程度，它只是根據自己的情況量力而行，給別人方便，最後會結出什麼善果來都不為過。

吳：**沈老師，你講的善果、惡果都是因果，對嗎？能不能來談一談因果？**

沈：行。

■凡事各有因果

沈：因果呀，有時候用來說服人是最最方便的。

吳：**怎麼說？**

沈：因為它能夠讓人一下子從執著轉變成放下，從不開心變成開心。我說個故事給你聽。

吳：好。

沈：有一個年輕人交了一個女朋友，是個非常好的女孩。可是沒想到，女朋友後來卻離開他，嫁給別人了。年輕人怎麼也想不通女朋友怎能這樣對待他，越想越氣憤，最後整個腦袋裡想的都是：「我不要活了，我要把他們兩人都殺了，大家一起同歸於盡！」別人怎麼勸解他都沒有用，可以說整個人都陷進一種思維的閉路裡了。

思維的閉路

吳：思維的閉路？那是什麼意思？

沈：他腦子轉一圈，想著：「她憑什麼這樣對待我？我要跟他們同歸於盡！」轉完這一圈，就在腦海裡壓出一圈痕跡。結果，第二圈他還是想：「我要跟他們同歸於盡！」於是，同一道痕跡又壓過一遍，壓得更深了。他一圈一圈地轉，那道痕跡也越來越深，最後他整個人就陷在那道痕跡裡，出不來了，他滿腦子只有一個想法：同歸於盡！也就是說，他的思維進入了一種閉路裡，只能在這個閉路裡一圈一圈又一圈地轉著。這時候，你怎麼去勸他都是沒有用的，講多少善知識、善道理他都聽不進去，他只會在家裡一邊磨著刀子，一邊想著：「我要跟他們同歸於盡！」

聽不進去

有一天，有個老和尚遇見這位年輕人。老和尚入定一看，發現：「哎呀，這年輕人背負了三條人命！」老和尚決定好好開解一下年輕人，他問：「你受了什麼委屈？」年輕人把自己憋在心裡的事告訴老和尚後，老和尚說：「我可以幫你。」年輕人一聽，非常高興，問：「那該怎麼做呢？」

老和尚說：「你現在去拿一個臉盆來。」年輕人趕緊端來一個臉盆。

老和尚又說：「在臉盆裡倒上水。」年輕人立刻倒上水。水倒好後，老和尚說：「好，現在你往裡面看看吧！」年輕人很納悶，往水裡一看，竟看到水裡出現了影像。他看到在海灘上躺了一個女子，那個女子淹死了，曝屍在沙灘上。這時候，有一個人走了

過去，看一看，搖搖頭，覺得那女子年紀輕輕就死了，真是可憐，但他什麼也沒做就走了。接著，來了第二個人，他也看了看，覺得那女子曝屍在海灘很不忍心，就把自己的衣服脫下來，蓋在女子身上，然後他也走了。

過了一會兒，又走來了第三個人。他看到海灘上有個女子的屍體，就把屍體移到水淹不著的高處，然後挖了一個坑，把女子埋葬了。

年輕人看完這段影像，還是莫名其妙，問老和尚：「這是什麼意思？」

老和尚說：「看到了吧？你就是那第二個人。」

吳：給女人蓋了件衣服的那個？

沈：對。

吳：老和尚說那句話是什麼意思？

沈：意思就是說，因為年輕人給那女子蓋了件衣服，所以他和那女子有了今世這段緣分。

吳：噢～～原來如此。

沈：但是呢，那女子一定要嫁給那個⋯⋯

吳：第三個人！幫她埋葬的那個人！

沈：對呀！因為那個人讓她終身有靠，所以她這一世一定會嫁給那個人。這就是果。凡事各有因果。

老和尚跟年輕人說：「都看見了吧？你還有什麼好說的？」這下，年輕人服氣了，怪誰呢？還殺什麼殺啊？什麼都想開了，什麼怨恨也都放下了。

吳：因為一切皆是因果。

沈：是呀。所以說，因果這個東西，有時候能夠讓道理一下子變得非常簡單。

吳：嗯。

沈：說到這裡，我倒是想起了紀曉嵐的《閱微草堂筆記》。

紀曉嵐之所以在民間那麼有名，除了因為他主編了《四庫全書》，還因為他寫了這本《閱微草堂筆記》。這本書初看有點像《聊齋》，不過紀曉嵐本人是非常反對將其比作《聊齋》的，他認為《聊齋》是編出來的，都是假的，但他的《閱微草堂筆記》記錄的可都是真人真事，裡面還包括不少朝廷命官的故事。

吳：是故事？

沈：不，是真人真事。

我記得其中有一篇講的就是他自己的外公。

話說他外公去世的時候，他的三個舅舅大做法事，並按照當時的習俗在家停靈了七七四十九天。而就在這停靈的時間，有三個歹徒盯上了他外公的陪葬品。

想也知道，他外公的棺材裡肯定是放了很多金銀珠寶的。那三個歹徒很專業，前前後後勘查了好幾天，把和尚敲木魚、做法事和打更的聲音全都摸清楚之後，他們就利用那些聲音作掩護，比如木魚敲一聲，他們才做一個動作，結果就這樣神不知鬼不覺地把棺材裡的財寶全偷走了。

下手的時候，他們發現紀曉嵐外公嘴裡含了一顆很大的夜明珠，可是人死了肌肉也僵硬了，夜明珠怎麼也掏不出來。其中一個人起了黑心，拿出刀子就從紀曉嵐外公的嘴巴開始割，一直割到喉嚨，硬是把夜明珠給掏出來。

吳：哇，好狠呀。

沈：可不是嘛。這起盜棺案後來還是被發現了。紀曉嵐的舅舅們也都挺有勢力的，立刻報官，四處追查了起來，可是怎麼查也查不出線索。奇怪的是，他的三個舅舅卻相繼做了同樣的夢，夢到父親告訴他們：「你們別查了，那是我前世欠他們的，是該讓他們來討債。只是債是該還沒錯，但我可沒有宰割過他們呀，所以那個誰誰誰，他宰割了我，我要告他！」

前世欠的

果不其然，這個割開喉嚨的歹徒在變賣夜明珠時被逮住了。

吳：另外那兩個呢？

沈：另外兩個歹徒也被供出來了，可是始終沒被抓到。被抓到，只有那個盜夜明珠的歹徒。

吳：從因果來說，另外那兩個人只是拿回自己應得的。是不是這意思？

沈：對。還有一篇御史死而復生的故事也很有意思。

死而復生

吳：也是真人真事？

沈：對。這個御史和紀曉嵐同朝為官，為人廉正，個性又嚴厲，貪官都很怕他。沒想到有一天，御史突然去世了，更沒想到的是，過了兩天，靈柩還停在家裡呢，御史居然死而復活了！這件事轟動朝野，幾乎朝中所有官員都跑去御史家探個究竟，連皇帝也派人前去慰問，而這位御史唯獨留下了紀曉嵐，告訴他這兩天自己的親身經歷。

原來，他的靈魂飄離身體之後

，到了一個類似酆都鬼城的地方。城裡很熱鬧，人來人往的，他走著走著，突然看見兩個以前和他同朝為官的貪官。這兩人生前都貪得無厭、富得流油了，但因為做得滴水不漏，再加上他們早早去世了，貪污之事也就沒落下把柄。

可是，御史看到他們時卻楞住了，這兩人衣衫襤褸，窮苦潦倒至極，一臉的苦相。御史問他們：「你們怎麼變成這樣？你們不是特有錢嗎？」說完，御史自己也笑了：「噢，我知道了，錢財生不帶來，死不帶去，你們帶不過來是吧？」

兩個人一聽御史這麼說，頓時捶胸大哭起來，說：「不光是生不帶來，死不帶去呀！你知道嗎？在生前撈進來的全都要算作負債呀！」

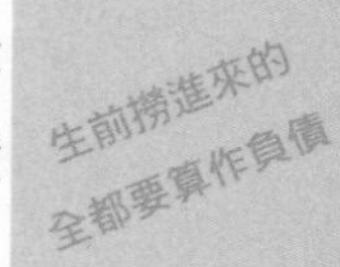

吳：噢～～所以他們不是從零開始，而是從赤字開始。

沈：他們生前貪的錢本就不是他們的，被污進了自己的錢袋子裡，當然就成了負債了，反而是奉獻出去的，才可能成為存款，所以他們到了那裡非但沒有存款，還一身是債。兩人後悔莫及，痛哭著說：「我們都不知道要幾千幾萬年才還得掉這些負債！」他們再三哀求御史，希望御史回去以後通知他們的家人趕緊把錢財散一散，好幫他們早點還清債務。

吳：這很公道呀，拿了就得還！

沈：所以呀，如果從大系統來看，從連續空間和連續時間來看，沒什麼不公平的。所謂不公平，只是你在這個有限時間、有限空間看是不公平的，如果從整體看，再公平沒有了！

大系統
連續空間
連續時間
從整體看

吳：沈老師，我發現這裡面存在著東西方哲學認知差異的問題。

沈：哦？怎麼說？

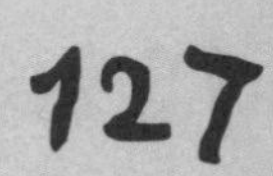

吳：你看，像因果這樣的概念，受東方哲學教育的人可能會接受，但受西方教育的人就很排斥了。比如說艾森豪那個故事，他們可能會認為艾森豪能躲過刺殺是偶然……

沈：聽起來不科學，所以不相信是吧？

吳：對呀。你說種了善因能結善果，種了惡因結出的是惡果，可是沒法證明這中間的過程是成立的呀！

沈：唔……那我換個角度來說好了。

五十五億個細胞

前面我說了，人體是由五十五億個細胞組成的，它本身就是個了不起的世界。而這個世界本身就是全息的，是不斷處於動態平衡之中的。

方便心

內化到自身的每個細胞

那麼，當你種下了一個善種子，從外在看起來是你給予了別人方便，實際上「方便心」這個極其重要的信息也會內化到自身的每個細胞裡。於是每一個細胞在和其他細胞共處也都有了方便心，能夠和周圍其他細胞協同起來，和諧相處，那麼自身之內這個世界就會在這樣的良性循環下不斷地優化，變得越來越和諧。也就是說，方便心改造的不僅是外部世界，自身之內的世界也會被改造成一個蓮花世界。在這種內外皆佳的狀態中，你的身體只會變得越來越好。

被改造成一個蓮花世界

相反的，當你以抵觸的心態去對待周圍的人時，「抵觸心」這麼一個信息也會被儲存入每一個細胞裡，並開始活化。於是，身體裡的每一個細胞有樣學樣，開始和周圍每一個細胞頂著來。它們互相抵觸、互相找麻煩，誰也不讓誰，細胞和細胞互相扯後腿，系統和系統互相打架，本來可以順暢來來去去傳遞的神經訊號，現在寸步難行，誰也不肯行方便，久而久之身體怎能不出問題？不出問題才奇怪呢。

吳：所以，到最後就生病了，甚至得了癌症。

沈：癌症是什麼？癌症就是身體這個社會充分不和諧、不公正，一些細胞鋌而走險互相勾結起來，強行搶斷體內資源造成的。

吳：我懂了。

什麼是貪？

吳：沈老師，我問一個私人問題，好不好？

沈：你說。

吳：什麼叫作「貪」呢？

沈：為什麼問這個問題？

吳：有一天，我跟教我修行的辛老師說：「我好像沒有什麼要貪的了。」辛老師說：「你還是貪。」我問他：「我貪什麼？」他說：「妳貪求知。」辛老師說得一點也沒錯，我真的很貪求知。

沈：你看「貪」這個字，上面一個「今」，下面一個「貝」，所以「貪」指的是一個人只看重今世的寶貝。就好比剛才我講的那個御史死而復生的故事裡那兩個貪官，他們生前眼裡就只有錢，只會不斷撈今世的錢財，這就是「貪」。實際上，貪到的今世錢財到了那裡都成了欠款，不但什麼也沒有，還成了赤字。

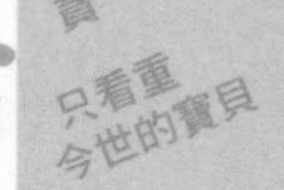

吳：那貪求知呢？會不會到了另外一個世界，我就變成什麼都不知道了？

沈：你這個貪求知呀，應該不是局限於今世……

吳：對啊，是累世的。

沈：你是希望能夠貫穿，所以這就和貪沒什麼關係了，貪指的是只重視今世的。我記得我說過，日知為智，知累積到最後要來一場大雪，讓它

能夠貫穿

變成一片空白，智慧才能生發出來。如果大量的知全部積壓著，只會把自己的慧根堵塞住。

吳：**所以我也不能只貪知，也要懂得放下，讓智慧生發出來。**

沈：對極了！

吳：**謝謝！我理解了。**

2003年12月11日 # 第七回

■平衡

吳：沈老師，我先問一個有關打坐的問題，可以嗎？

沈：好呀，你說。

修行
靜

吳：我的修行老師——辛老師，在教我打坐時，第一件事就是要求我要「靜」，他還給我一個考試，要通過他的考試才算做到靜。

沈：哦？怎樣的考試？

吳：那陣子剛好他辦公室的外牆在整修，工人就拿著打牆的大型鑽具在外面鑿牆壁，整天就噠、噠、噠地響得不停，簡直要把人弄瘋了。辛老師就叫我坐在房間裡打坐，一邊聽著一牆之隔連續不停的噠、噠、噠，一邊練入靜……

沈：這樣做是對的。

吳：這是在修內在的東西，對不對？

沈：你的理解是對的。你老師教你打坐是為了教你練氣功，而氣功這種東西，最簡單的目的是為了強身、保健。不過，真正講起來，內功都是不可以隨便練的。

練氣功

吳：為什麼？

沈：如果你人世間的功課沒修好，每天還有那麼多不開心、還有那麼多不良的信息在身體裡，這時候你就練起了內功，把內環境高速運行了起來，那不良信息不也跟著捲進去了嗎？這樣子太危險了。所以最重要的是，在練功之前你要先把心修好。

把心修好
如如不動

如果一個人能夠把心修好，能夠有愛心、有平常心、有方便心，達到如如不動的境界，這時任何外界的干擾都傷害不了他。焦慮、憤怒、自我掙扎、自我矛盾……這些不良信息也就很難進入到他的自身之內。他的自身之內已經是個蓮花世界了。他身上的五十五億個細胞、五十五億個子民都生活在一片淨土之中，所有制度和秩序井然有條理，每個子民各司其職，各盡本分，歡喜愉快。這時候，他就是不去練功，也是深不可測。

吳：**換句話說，一個人想做好外在的世界，必須先做好自己的內在。**

先內而後外

沈：對，先內而後外，這個次序是不能顛倒的。

想要利益眾生，先得……

吳：**先得利益好自己。**

從利益自己做起

沈：沒錯，要從利益自己做起。只有把自己利益好了，你才能從自身之內往外擴充，延伸出去利益周圍的人。我所謂的利益周圍，是說即使你不說話、不動作，人家坐在你旁邊，也能感受到一種歡喜、安靜、舒服、明亮的場。利益了周圍的人，才能透過周圍的人再去利益眾生，一層一層利益下去。而這一切的前提，便是要從你的自身之內做起、從修心開始。這就是我們常說的「修心為上」。

修心為上

吳：**嗯，修心為上！**

沈：要是你的心沒有修好，自身之內一片混亂，甚至如同地獄，裡面充滿了戰爭、自相殘殺，每個細胞都極端自私，誰也不肯付出，大家只會以強凌弱，以眾暴寡，沒有公正，也沒有正義，那你怎麼去利益別人、利益眾生呢？更不要說去練功了。在這種狀態下練起了內功，把這些不良信息在體內高速運行起來，那不是群魔亂舞了嗎？

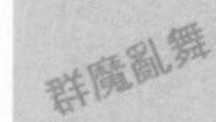

吳：**也就是說，自身世界是外在的世界的縮影，是它的反射，兩者是一模一樣的。如果我沒有辦法把自身之內五十五億個細胞弄好，根本也不必去管外在世界，因為要管也不會管好。**

沈：對對對！

吳：**難怪辛老師要我修心了，我最大的問題就是太不管身體了，任何外在的事情都看得比自己的身體重要，辛老師最生氣我這一點。**

君子如玉，如琢如磨

沈：我覺得無論你理解或不理解辛老師的做法，他的目的都只有一個——那就是讓你慢慢回到自身之內，先把自身之內的問題給解決了。而要解決自身之內的問題，首先就是要能夠通過法器的檢驗。

通過法器的檢驗

吳：什麼意思？

沈：比如說吧，你自認為自己已經很能放得下，沒什麼會讓你想不開了，但上天很有可能會派來一個人，在你最最受不了的地方給你一個最最受不了的打擊。這就是法器的檢驗。透過這樣的檢驗，可以把你所有內在潛藏的問題全部暴露出來。

自身之內鬧革命

寵辱不驚

要知道，內在出了問題，相當於是自身之內鬧革命，是很驚心動魄的。如果你連外部世界都不能做到寵辱不驚，那麼等到自身之內鬧革命，你怎麼可能寵辱不驚地去面對、去處理那些驚心動魄的場面呢？

所以，法器的檢驗就在於確定你已經通過外部的試煉，真正能夠做到如如不動，任何無常的世事都干擾不了你，包括國家的敗亡、名譽掃地、被最信賴的人出賣、被至親的人曲解……而這種種，都是法器。

法器

吳：聽起來，法器很像一般人常說的「劫難」。那是不是說，遇到任何劫難，我都要能冷靜處理？法器的檢驗是這個意思嗎？

沈：儒家總愛說：「謙謙君子，溫潤如玉」，把君子比喻成一塊美玉。實際上，玉這種東西剛開挖出來時是很毛躁的，有一個粗糙如同石頭般的硬殼。那它是怎麼蛻變成美玉的呢？它勢必得經過一段「如琢如磨」的過程，要不斷地琢它、不停地磨它，才能讓它把硬殼褪去、煥發出美玉的光采來。那麼，拿什麼東西琢它、磨它呢？拿的都是最粗糙、最硬的東西，相當於就是用這些最粗糙、最硬的東西拚命地打擊它、傷害它，最後才造就出美玉的。而這些用來打擊它、傷害它的東西，就是法器。儒家講君子，佛家講佛，不論君子或佛，都是需要法器來琢磨的。

需要法器來琢磨

吳：噢～～

沈：就像我之前說的，哪天要是有個人無緣無故打你一耳光，那麼你要知道：這是法器到了！

無緣無故打一耳光

吳：懂了。

沈：這個時候，該怎麼面對法器的檢驗呢？這時候就要看你有沒有正見了。

吳：正見？正確的見解？

沈：對。

吳：那……正確的見解指的是……

沈：就拿有人無緣無故打你一耳光這件事來說吧，你要知道要是沒有法器作檢驗，平常的修鍊都是假的、空的，你根本不知道自己是不是真的心胸寬大了、是不是真的有所提升、是不是真的有實質性的進步……可是法器難得啊！該去哪裡找法器呢？現在有個人無緣無故打你一耳光，正是把一個大法器送到你眼前了！這一瞬間，如果你能夠如如不動、不被干擾，內心一片平和，那麼你在這一瞬間的提升，不知道勝過多少年的空修鍊。再說了，這個人無緣無故上來打你一耳光，可是要犧牲自己的福報的。他都犧牲自己的福報來成就你了，你還氣什麼？

法器難得

內心一片平和

犧牲福報

如果抱有這樣的正見，你說你還會受干擾？還會覺得受委屈？還需要忍嗎？當然不會，當然不需要！

吳：相反的，我還要感謝他！

沈：對呀。同時，你也會因為這一瞬間的如如不動而發現自己多年的修鍊終究沒有白費，心裡更是一片歡喜。

別人莫名其妙打你一耳光，你反而能由衷感謝他，擁有這樣的正見，還有什麼事情能夠干擾你？沒有了！到了這個時候，你想要把自身之內建設成一個充滿和諧、歡喜、寬容、健康的蓮花世界，也就不是很遠了。而且，你自身的這種歡喜，必然會加持整個人類光明的場、歡喜的場，為全世界增加了一份和平的保障。

擁有正見

吳：把全世界也變成一個蓮花世界？

沈：對極了。你自身之內充滿歡喜、和諧，你周圍的人也會受到感染，而他們也能像你一樣再去感染周圍，一層一層擴散出去。所以，想要利益眾生，一定要從利益自己開始。這就好比太陽一樣，首先你自己要能夠發光，才有可能去照耀周圍。如果你自己是一個黑洞，那還談什麼照耀周圍？照耀自己都困難！

自己要能夠發光

吳：我頭一次這麼清楚地知道照顧好自己的身體有多重要！

難怪辛老師這四年來一直要我處理好自己的身體問題。他就說過：「你幾時把自己腳上的毛病弄好了，幾時把體重控制好了，你的悟性就提升了。」

沈：他說得很對啊。

吳：我對自己的身體真是很不在乎，有一段時間我的血壓飆到收縮壓250、舒張壓150，我還是照常上班，每天工作十幾個小時。對我來說，身體就是拿來用的，而不是拿來珍惜的……

沈：對你的身體來說，你相當於是暴君了，跟秦始皇沒兩樣。

身體的暴君

吳：嘿嘿！

沈：別人為了表示愛惜生命還要特地去放生呢，可是你看看你是怎麼對待身上這麼多生命的。每個人的身體裡都有五十五億個細胞，它們一代又一代在你的身體生生息息：爺爺輩死了，換父輩替你服務；父輩死了，兒女輩接著繼續效忠；兒女輩死了，孫子輩還是聽命於你，這五十五億個細胞可以說世世代代都在為你工作、為你服務，盡心盡力為你做好每一件工作。你怎麼能不愛護它們呢？

對於身體裡這一代又一代的子民來說，你應該是它們的佛祖……

吳：我是它們的什麼？!

沈：你是它們的佛祖。

吳：我是它們的佛祖？!

沈：對呀。你應該把善信息傳送給它們，而不是把不愉快、憤怒、焦慮、不安的信息傳送給它們。你應該把最好的信息、把大量的愛給它們。

不要把不愉快的信息傳送給它們

吳：**可是我偏偏相反了。**

沈：對。你老是在過度地奴役它們、使用它們，還常常把一些焦慮、不安的信息傳給它們。

吳：**所以我成了暴君。**

沈：為什麼我說每天睡覺前要好好表揚身上的細胞，真心誠意地感激它們、讚美它們，因為表揚和讚美是它們的精神糧食。細胞和人一樣，精神糧食比物質糧食更重要，因此它們迫切需要你的表揚和讚美。

表揚和讚美

如果它們老是得不到表揚和讚美，它們會非常壓抑，覺得世道不公，久而久之壞分子就應運而生，於是許多細胞開始鋌而走險，違反秩序。而面對這些壞分子，你身體裡的免疫系統，也就是你身體裡的軍隊、國際刑警會怎麼做？當然是把壞分子捉起來，關進監獄裡，等監獄客滿關不下了，它們就只好把這些壞分子流放到你的邊界上了。

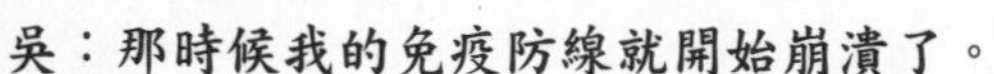

吳：**那時候我的免疫防線就開始崩潰了。**

沈：對。

吳：**沈老師，我要好好記下你這段話，也告訴那些跟我一樣工作第一、不管身體死活的朋友，讓他們也開始重視身體。**

重視身體

沈：重點是你要好好重視你的身體。

吳：**我知道、我知道。**

■讚美與磨難也要講究平衡

沈：其實，我覺得辛老師對你已經非常客氣了。

吳：**怎麼會？**

沈：按理說照你現在的身體狀況就該叫你去練動功，可是他還讓你打坐而已……

吳：可是，他教我的時候可嚴了。你知道，我是受西方教育長大的，西方教育都是讚美你、獎勵你的，你考個八十分，他們就可以把你讚美得不得了，他們就是靠這種方法把孩子的自信心培養出來。我從小就在這樣的環境長大的。可是，辛老師可以說是這個世界上唯一把我訓得這麼慘的人，簡直是……

空白

沈：主要是因為你在這方面始終是空白的。

吳：什麼東西空白？

沈：就是如何面對被訓得很慘的這種狀況，你始終是空白的。

吳：在認識辛老師之前，我從來沒有遇過這種情景。

整體平衡

沈：對呀，那麼你想，既然你在這方面有這麼大一片空白，那整體狀態不就不平衡了嗎？

吳：哦？人生經驗也要這樣子平衡？

重心移到相反的一面

沈：整體必須達到平衡。剛開始，你是透過讚美、讚揚形成的榮譽感來作為前進的動力，使你跨出了第一步。但，人生不能只跨出一步呀。這時候，你要再跨出下一步，重心就得移到相反的一面，就好比說你想讓左腳邁出一步，重心就得先放到右腳上來一樣。那麼，現在你就必須把之前累積起來的過分自尊……

吳：全部都放下。

挫折

磨難

沈：對！透過挫折、磨難，讓你把人世間的名利、身分地位……通通放下，這樣你才能把重心移到相應的對面去，然後跨出人生的第二步。

走向圓滿

上天給你兩條腿，就是要你透過這樣的平衡，去行萬里路，去一步步走向真善美、走向圓滿的。圓滿、圓滿，它的張力是均衡的，是向四面八方分布的，不是只有透過讚美所獲得的動力這一單方面的。

吳：可是，我聽你講的故事裡，你常常會用讚美的方式鼓勵你的學生，不是嗎？

沈：因為中國教育下的學生缺少被讚美，缺少被讚美而帶來的肯定自我。我舉個例子給你聽。

吳：好。

沈：我有個朋友是政府官員，他很有文采，可是偏偏他女兒的作文很差，在班上老是敬陪末座。這位朋友很苦惱，也很受打擊，可是無論他怎麼幫助女兒，女兒的作文也不見有進步。

那年，他女兒要考大學了，他只好親自上場，讓女兒天天寫一篇作文，他天天親自指導，可是天天這樣惡補還是沒什麼用。這下，他真急了，跑來找我想辦法。

我告訴他：「這事很簡單呀。你今天回去，還是像往常一樣檢查她的作文。但是，不管她這篇作文寫得多糟，你一定要找到一個優點，然後就這個優點狠狠地讚美她、使勁地誇獎她，硬說這篇作文寫得好！然後從第二天開始，你每天看她作文的時候，一定要認認真真地找出她進步的地方，然後非常準確地在這一點上使勁地誇獎她。天天就這麼做！」

找到優點
狠狠地讚美
使勁地誇獎

吳：他照做了？

沈：我這位朋友聽了以後有點不以為然的，但他很尊重我的意見，所以回去以後還是照做了。

第一天，他看了女兒的作文以後，本想大罵一頓的，但想起我說的「要狠狠地誇、使勁地誇」，就按捺下脾氣，真的狠狠地、使勁地把女兒誇獎了一通。

其實我覺得他女兒之所以作文不好，根源就在他身上。

吳：他以前是不是一直批評女兒？

沈：對。這位朋友自己很有文采呀，他別的科目輔導不了女兒，輔導作文肯定是沒問題的，但他的文采好，標準就高，一看女兒的作文，就是一通批評。結果，他女兒從小到大從作文上獲得的永遠都是不愉快和懲罰。你說，這麼一來，他女兒最痛恨的科目會是什麼？

吳：肯定是作文。

沈：對呀。她女兒從來沒從作文上得到過喜悅，又有什麼理由喜歡作文呢？而一個不喜歡作文的人，又怎麼可能寫得好作文？

但情況從這位朋友回去之後改觀了。

吳：**因為他開始誇獎女兒了。**

沈：對。第一天，她女兒聽到爸爸突然莫名其妙誇起她來時，覺得很奇怪，但也很興奮，晚上還特地把那篇作文拿出來再看一次。可是無論怎麼看，她也只覺得：「很一般呀，怎麼爸爸就誇獎我了？」但，第二天寫作文時，她就動起了腦筋。

這一動腦筋，作文就明顯有了進步的地方，而這個進步的地方自然一下子就讓她爸爸發現了。她爸爸馬上針對這個優點使勁地誇獎她。她一被誇，就更加認真了，特地去找了一些範本，仔細研究怎樣才能寫得更好。從此以後，只要她作文一寫得好，必然會被爸爸發現，然後必然會被使勁地誇獎，她突然覺得沒有什麼比作文能帶給她更多歡樂和自信了。她對作文的信心一下子起死回生，不到半個月，她的作文就變成班上的範本，被老師拿來當眾朗讀。

改觀了

動起了腦筋

更加認真

歡樂和自信

哎呀，我這位朋友簡直驚奇得不得了！從前他那麼認真督導她女兒寫作文都沒有用，沒想到照著我的方法去做，才不到半個月，他女兒的作文居然就成了班上的翹楚。這就是讚揚的力量。

但是，和讚揚同樣重要的，還有打擊和磨難。如果一個人只受到讚揚，沒有接受過打擊和磨難，你說，他能平衡嗎？他能圓滿嗎？他最後能夠真正地、完完全全如如不動，不受外界的干擾，在自身之內建立起自行平衡的心態系統嗎？

讚揚的力量

打擊和磨難

吳：**所以，你認為辛老師是想讓我建立起整體的平衡？**

沈：對。建立起自行平衡的心態系統。而這必須是讚揚

自行平衡的心態系統

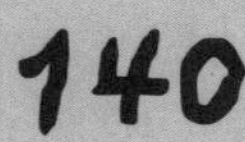

和磨難兩方面均衡的。

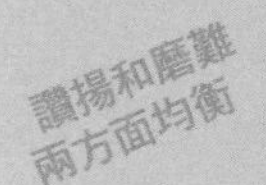

吳：**辛老師的確說過我太自信、太霸道了。**

沈：既有充分的自信、自尊，又有接受各種磨難、打擊所獲得的豁達和容忍，這樣才能建立起一個完整的、圓滿的、能夠自行調整的心理平衡系統。而這才是真正能夠獲得長久開心和快樂的根本。

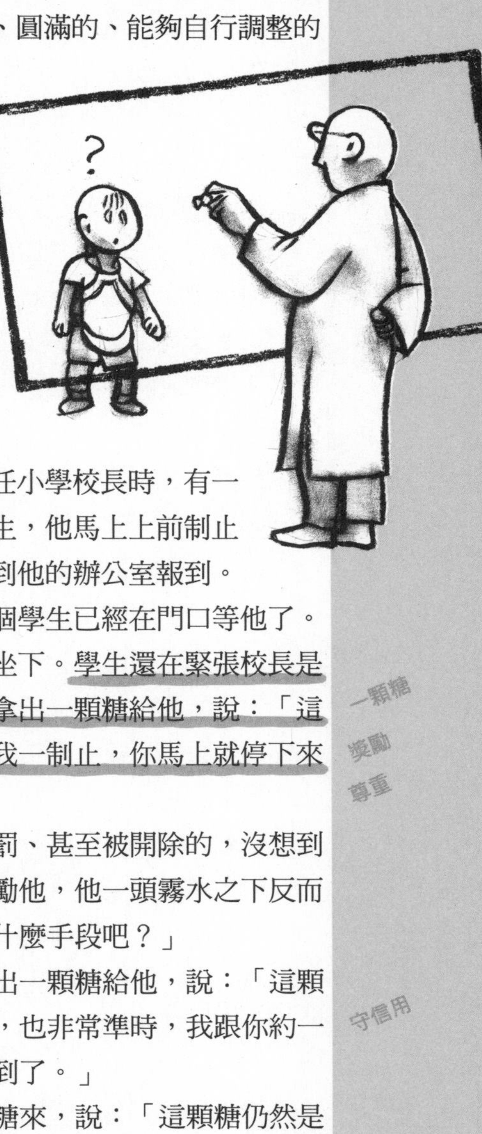

吳：**所以，哪天要是辛老師不罵我了，也就表示我平衡過來了，對不對？**

沈：對。不過，你的情況跟中國教育下的孩子是剛好相反的。大部分的中國孩子缺少的都是讚美，就像葉聖陶那個例子……

吳：**葉聖陶？他是誰？**

沈：葉聖陶是民國初年的教育家。他在擔任小學校長時，有一次看見一個學生拿著磚頭砸另一個學生，他馬上上前制止，並要求打人的那個學生一個小時後到他的辦公室報到。

一個小時後，葉聖陶回到辦公室，那個學生已經在門口等他了。葉聖陶把學生帶進辦公室，先讓學生坐下。學生還在緊張校長是不是要懲罰他的時候，就看到葉聖陶拿出一顆糖給他，說：「這顆糖是獎勵你的，因為你很尊重我，我一制止，你馬上就停下來了。」

一顆糖
獎勵
尊重

那名學生本來是做好心理準備會被處罰、甚至被開除的，沒想到校長非但沒懲罰他，還給了一顆糖獎勵他，他一頭霧水之下反而更緊張了，心想：「校長不會是在耍什麼手段吧？」

沒想到，這時葉聖陶又伸進口袋，拿出一顆糖給他，說：「這顆糖還是獎勵你的，因為你非常守信用，也非常準時，我跟你約一個小時後報告，你不但來了，還提前到了。」

守信用

緊接著，葉聖陶又從口袋掏出第三顆糖來，說：「這顆糖仍然是獎勵你的。剛才這一小時我已經去調查過了，你之所以拿磚頭打同學，是因為那個同學欺負別的女同學。你很有正義感，非常了

正義感

不起，所以這顆糖是獎勵你的。」從頭到尾，葉聖陶都沒有責備那名學生，而是一直在讚美他。

那名學生收下三顆糖之後，仍是很忐忑不安，問：「校長，你到底準備怎麼處罰我？」葉聖陶說：「我沒有要處罰你，你可以走了。如果要處罰，我也該處罰我自己。」

吳：哦？葉聖陶說要處罰自己？

沈：對，他說是他這個校長沒當好，學校才會發生這樣的事。

學生聽完校長的話之後放聲大哭，反而承認自己做錯了，不管怎麼樣，他也不應該用磚頭打人，還保證以後會用更好的方式去處理事情。

吳：葉聖陶的做法其實很符合西方教育的理念耶！

沈：是很像。總的說起來，他的做法非常有智慧，而且充滿仁愛，充滿了關切和尊敬。

吳：那為什麼中國的老師們總是喜歡用打罵的呢？

沈：確實有些老師喜歡用打罵的方式來鞭策學生，但有些不是這樣子的。像我就喜歡不停地誇獎、讚美學生。根據我的經驗，在被誇獎和讚美之後，學生會學會讚美自己，然後是會學會去讚美別人，最後他們最常說的就是：「我愛班人每一個人，我愛這個世界，我愛我自己。」而且，說得發自肺腑。而用打罵的方式，就不可能產生這種充滿愛的集體氛圍了。

我不是說責罵不能讓人的專業能力提高，但一個人如果只有專業能力，沒有良好的心態，不能容忍他人，不能發現周圍人的優點和長處，不懂得尊重周圍的人，也不懂得如何和周圍的人一起攜手共進的話，那麼這個人只會變得怨天尤人、恃才傲物。

打罵雖然也有效果，但它靠的是恐懼的力量，利用恐懼的心理來鞭策一個人前進。但只靠這個方式，是不符合大自然的運作法則的。

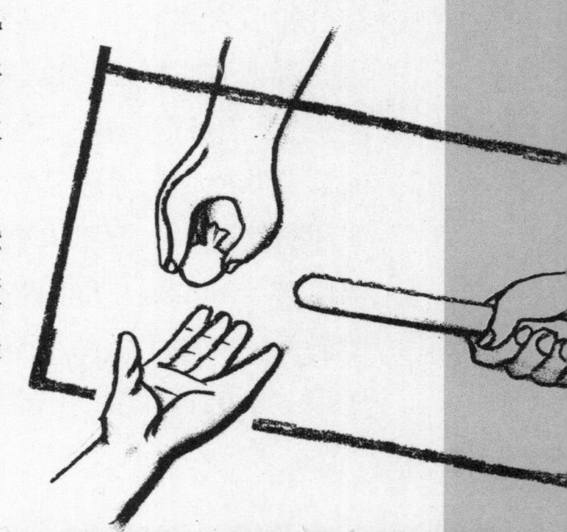

吳：怎麼說？

■有賞有罰，才是自然之道

沈：大自然的運作依循著兩條法則，一條是「廢用性失明」。什麼叫「廢用性失明」？比如說，小貓一生出來，我們就用布把牠的眼睛蒙住，三個月後再把布打開，就會發現明明小貓的眼睛沒有毛病，但牠就是看不見，這就叫作「廢用性失明」。也就是說，機能不用，它就廢了。這條法則就像條鞭子，始終懸在高處警告你：不進則退，你不用、不前進，你就廢了、落後了。大自然就是用這個方法促使所有物種拚命地往前進化，不進化就會被淘汰。

不進則退

另一條法則則是「過量反應」。什麼又叫過量反應？比如說練舉重，當你舉起過重的東西，手臂的能量不夠供應時，身體會做何反應呢？

過量反應

吳：什麼反應？

沈：它會先向附近的細胞借。

向細胞借

吳：跟細胞借？

沈：對。細胞實際上都是一個個經濟獨立體，貯備有自己的能量，必要時是可以借來周轉一下的，只要運動過後再通過血液循環還回去就行了。不過，回收的就不是借出時那個量了，比如說借出去五十個單位能量，回收時就必須是七十五個單位了，這就叫作過量反應。

如此一來，到了下一次你舉重時，又需要借用能量的時候，細胞就有七十五個單位的能量可以借給你了，而同樣的，細胞回收能量時額度也增加了，收回了一百個單位的能量。於是，到了第三次，你又需要能量時，細胞能借出的量就增加到一百個單位了，以此類推。

在這兩條法則中，廢用性失明是懲罰性機制，等於它在後面揚起鞭子，鞭策你往前跑。而過量反應則是激勵性機制，它也在督促你往前奔跑，但靠的是獎勵似的引導。所以，大千世界裡的物種之所以能在競爭中不斷地往前進化，一方面是靠獎勵似的引導，

懲罰性機制

激勵性機制

另一方面則靠懲罰似的鞭策。

吳：這還是在講平衡，對嗎？

沈：對啊，不只個體要賞罰平衡，整體也是講究賞罰平衡的。

賞罰平衡

吳：但是該用賞還是用罰，要因人而異。

沈：對。不同的空間，不同的時間，不同的人，都不一樣。當這個群體在這個時間主要顯示出缺乏自尊、自信、自愛的時候，你還用鞭子去抽打他們，那肯定是不行的。這就好比一個人已經餓壞了，你還逼著他吃瀉藥，讓他拉肚子，他怎麼撐得住呢？相反的，如果這群人都非常自強、自信、自尊，你還拚命地表揚他們，不是讓他們狂妄得沒邊了嗎？

所以，教育跟治病、治國、治天下，莫不是一個道理。人法地、地法天、天法道、道法自然，其實只要往自然界放眼一看，看到大時空不斷演進的歷程，你就什麼都明白了。

人法地
地法天
天法道
道法自然

吳：由大看小，世間的道理都是相通的。

沈：對極了。其實，講法就是要像這樣子：要和真實的人生、真實的生活，和每個人的知識系統完完全全地結合在一起，而且它得是活的、新鮮的，所以每隔一段時間它一定要重新來過一次……

吳：什麼意思？什麼叫每隔一段時間重新來過一次？

沈：你看，像釋迦牟尼，祂是第七位過去佛，也就是說在祂之前是還有六位過去佛。按理說，真理不是永恆的嗎？那為什麼佛還會來了七次呢？這是因為信息在人世間不斷在更新、不斷在成長，它始終是一個動態模型，永遠會有新鮮的東西加入。

不斷在更新
不斷在成長
動態模型

吳：那為什麼沒有再出現第八位佛呢？還是說祂其實已經出現了？

沈：佛的出現不會是一種刻板的模式。比如說，釋迦牟尼現身說法的時候，祂是每天早上起床後把腳洗乾淨，然後就拿著一個缽出門去要飯，要完飯回來，便登上一個高台開始說法。由於祂講的法淺顯易懂，又很生動，讓人可以一下子就覺得受益匪淺，心境為之豁然開朗，對生命有了更深刻的認識，於是聽祂說法的人也就越來越多。而祂說的法之所以吸引人，更重要的原因是祂說的都是新鮮的、活生生的道理，而非風乾了的道理。

淺顯易懂

活生生的道理

然而，時代不斷在變化，信息和信息的傳播方式也不斷在變化，所以即使佛現在要出現，你想祂還會跟上一次出現的模式一模一樣嗎？一樣每天早上洗腳、一樣拿著缽去要飯、一樣吃完飯登台開講？我想不會的。但是有一點肯定是一致的，那就是法必須是新鮮的、活生生的。

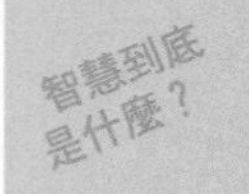

吳：**那……現在宗教所說的……**

沈：宗教、宗教，它就是有宗有派了，已經有入世的利益在裡邊，很可能已經和當初那些完全沒有利益、也不求目的、自然而然流露出來的智慧不同了。所以有人才會說，智慧死去以後才變成宗教，宗教活過來以後又變回了智慧。

吳：**噢～～**

沈老師，智慧到底是什麼？

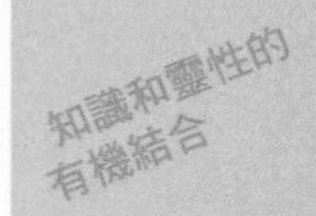

沈：智慧啊，我記得跟你說過「日知為智」，是不是？

吳：**對呀，「慧」也講過，慧是從一片大雪過後的空無生發出來的。**

沈：沒錯。所以，智和慧合在一起，就是知識和靈性的有機結合。

吳：**日知為智，所以智是知識……**

沈：對。慧則是靈性。它不是知識性的東西，它是發自內心的慧根。它相當於是你自身之內的全息信息庫。

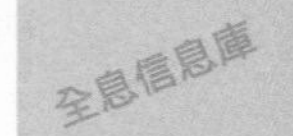

吳：**全息信息庫？**

沈：全息信息庫是無數種族知識、種族記憶、種族經驗的記錄組合，所以它不是後天習得的。

吳：**它和知識的差別在於……**

沈：它和知識是不一樣的。

吳：**知識是今生的，是從書本裡或誰那裡學來的……**

沈：對。

吳：**而智慧本身是全息地存在你身體裡的。**

沈：對！所以說，智是智，慧是慧。

吳：**好，我懂了。**

沈：在大部分的情況下，人很容易停留在智的行為裡，所以一般人都比較重視後天知識的積累，同時又被這些知識給框架住。到最後，整個人是被後天習得的知識框架所驅動，全然失去了自我，反而是把一個人最具靈性的慧、最重要也最大的知識寶庫給忘記了，沒有運用進去。

不過，有些人是能夠把靈性的部分調出來用的，而只有當智和慧在互動中融為一體的時候，才能稱得上是「有智慧」。在這個時候，智和慧已經不是對立的兩個部分。來自先天的、在你內心深處具足的慧根，已經和後天的、你這一世習得的知識體系，結合成更深層具足的慧。

融為一體
有智慧

■十二生肖裡也有平衡的智慧

沈：哎呀，我們說了半天，我原本預定要講的「十二生肖」都還沒講呢。

吳：**但是你今天講得很精采啊。**

沈：我要講的這個十二生肖其實跟一次外交場合的聚會有關係。

吳：**哦？**

沈：有一次，我有機會和一團參訪的歐洲貴族聚餐。你要知道，歐洲的貴族大多數都跟王族有親戚關係，他們非常有學問和修養，待人也彬彬有禮，但是他們的修養背後隱藏著一種傲慢。那次訪問非常成功，大家相處極其融洽，到了最後一天聚餐，可能酒喝多了，這些貴族就比較率性了，說起話來也就……

傲慢

吳：**不客氣了。**

沈：對。

吳：**優越感也跟著跑出來了吧？**

沈：對呀。有位德國貴族突然站了起來說：「你們中國人是怎麼回事呀，怎麼生肖都是什麼豬呀、狗呀、老鼠的？像我們都是金牛座、獅子座、處女座，不是好多了嗎？真不知道你們祖先是怎麼想的？」

祖先

當時在位的這些貴族喝得有點醉了，大家聽完了都哈哈大笑，還互相碰杯。而現場負責接待的中國人則都不說話，不知道是沒反應過來還是怎樣。我看沒有人出聲，就自己站出來，說：「我們中國人是很實在的，我們的十二生肖是兩兩相對的六道輪迴，代表的是祖先對我們的全部期望跟要求。」

兩兩相對
六道輪迴

這時，現場安靜了一點，有人好奇問：「怎麼說是祖先的期望和要求呢？」

我解釋道：「你們看，第一組是老鼠和牛。老鼠代表智慧，牛代表勤奮。智慧和勤奮一定要緊緊結合在一起。如果光有智慧不勤奮，那就變成小聰明；而光是勤奮，不動腦筋，那就變成愚蠢。所以這兩者一定要結合，這是祖先對我們的第一組期望和要求，也是最重要的一組。」

老鼠和牛
智慧和勤奮

「第二組是老虎和兔子。老虎代表勇猛，兔子代表謹慎。勇猛和謹慎一定要緊緊結合在一起，才能做到所謂的膽大心細。如果勇猛離開了謹慎，那就變成魯莽，而沒有勇猛，一味的謹慎，謹慎就變成膽怯。這一組也非常重要，所以放在第二。」

老虎和兔子
勇猛和謹慎

膽大心細

我看到席中的歐洲客人有人沈思了起來，又補充道：「所以當我們表現出謹慎的時候，千萬不要以為我們中國人沒有勇猛的一面。實際上，我們祖先追求的是一種和諧的智慧和圓融，從來不會單獨給一個要求和任務。」

這時，有人開始附和地表示同意，於是我繼續道：「至於第三組的龍和蛇。龍代表剛猛，蛇代表柔韌。所謂剛者易折，太剛了容易折斷，但是如果只有柔的一面，就容易失去主見，所以剛柔並

龍和蛇
剛猛和柔韌

剛柔並濟

馬和羊

一往無前

和順

濟才是祖先對我們的要求。」

「而第四組的馬和羊，馬代表一往無前、直奔目標，羊則代表和順。如果一個人只顧自己直奔目標，不顧周圍，必然會和周圍不斷磕碰，最後反而到不了目標。但是一個人如果光顧著和周圍和順，最後只會連方向都找不到，目標也失去了。所以一往無前的秉性一定要與和順緊緊結合在一起，這是祖先對我們的第四組期望。」

猴子和雞

靈活和恆定

「接下來第五組是猴子和雞。猴子代表靈活，至於雞呢，以前的年代沒有鐘，都是聽雞鳴聲決定一天的開始，所以雞定時打鳴，代表恆定。靈活和恆定一定要緊緊結合起來。如果你光靈活，沒有恆定，再好的政策最後也得不到收穫。但如果你光是恆定，一灘死水、一塊鐵板，那就不會有今天的改革開放了。只有它們之間非常圓融地結合，一方面具有穩定性，保持整體的和諧和秩序，一方面又能不斷變通前進，這才是最根本的要旨。」

狗和豬

忠誠和隨和

「最後一組是狗和豬。狗代表忠誠，豬代表隨和。一個人如果太忠誠，不懂得隨和，就會排斥他人；而反過來，一個人太隨和，沒有忠誠，這個人就會失去原則，所以無論是對國家的忠誠、對團隊的忠誠，還是對自己理想的忠誠，一定要與隨和緊緊結合在一起，這樣才能真正保持內心深處的忠誠。這就是我們中國人一直堅持的外圓內方，君子和而不同。」

外圓內方

君子和而不同

說到這裡，我看了看在位的歐洲客人們，問道：「不知道你們的金牛座啊、獅子座啊、處女座啊，是不是也代表祖先對你們的期望和要求呢？希望列位不吝賜教！」

吳：呵呵！

沈：其實，如果他們最初不提祖先，我也就不講祖先了，但是既然他們提到了祖先，那我們就一起把祖先拿出來比一比吧。

吳：結果怎樣？

沈：結果，他們想了很久，都沒人能回答得出來。這時，有個希臘人很聰明，他改守為攻，又問了一個問題。他說：「沈先生，你說得很好，我們都很佩服，你們中國人的祖先的確很實在。但有件事我就不明白了，吃飯是再實在不過的事情吧？可是你們吃個飯還得先學會用筷子，而且學半天還不一定學得會，這不是太不實在了嗎？你看，像我們用的刀和叉多實在呀，拿上來就用，用了就能吃飯。」

筷子

吳：這人反應很快呀。

沈：是呀。不過，我聽了就回答道：「筷子，體現的是一種哲學。我們的哲學也是很實在的，它不像有些哲學只能束之高閣，我們的哲學是可以應用在生活各層面的，尤其是吃飯這麼日常的生活上。你們看，一雙筷子一分為二，不就是太極生兩儀了嗎？然後，拿起筷子時，兩隻手指各按住一隻筷子，另兩隻手指在下面撐住筷子，四隻手指把持住了筷子……」

一種哲學

太極生兩儀

吳：兩儀生四象！

沈：對呀！這還沒完呢，我接著又說：「最後，大拇指摁在筷子最上面，變成五行運行，筷子也就拿得穩穩的了，吃什麼都行！所以，我們每天吃飯時都在體會我們的哲學、運用我們的哲學。不知道你們的刀呀、叉呀，是不是也體現了你們的什麼哲學？」

五行運行

吳：呵呵！

沈老師，你好狠呀。

沈：呵呵。這時候，他們的態度已經變得謙和多了，紛紛表示對中國文化尊敬和佩服。其實，我說的這些道理以前都是婦孺皆知的事，只是後來的人離文化的源頭越來越遠也就淡忘了。

吳：沈老師，我們好像又跑題了，十二生肖你是不是還沒講完？

沈：啊？

吳：你前面提到了「中國人的十二生肖是兩兩相對的六道輪迴」，目前講了兩兩相對，可是六道輪迴呢？

沈：一個人能不能懂得十二生肖的本意，能不能夠體悟到祖先的期望和要求，就要看你這一世的修鍊了。要是你這一世修鍊得夠了，把所有功課就都做完了，那就圓滿了，不用再輪迴了。但是如果功課沒做完，比方說你這一世是很忠誠了，但就是隨和不起來，那下一世只好去屬豬學學怎麼隨和。等到下一世屬豬了，隨和是隨和了，但就是不肯動腦筋，那麼再下一世只好再去屬老鼠學學怎麼動腦筋。屬了老鼠以後，倒是善用腦筋了，但是又不肯勤奮了，那麼再下一世，只好屬牛去了。

吳：你是講真的，還是講假的？

沈：我是講真的。如果一個人在一世中就能把所有六道輪迴全部都實現了，何苦在這六道中間不停地輪迴呢？

吳：真的啊？

沈：你都修齊了，既智慧又勤奮、既勇猛又謹慎、既剛猛又柔韌、既一往無前又和順、既靈活又恆定、既忠誠又隨和……

吳：那就不需要六道輪迴了？

沈：就是呀。大部分的人都是來來回回地轉世，一遍又一遍地修，卻老是修不齊的，總是智慧了又不肯勤奮，勤奮了又不肯智慧；勇猛了又不肯謹慎，謹慎了又失去勇猛；剛了不能柔，柔了不能剛，所以只能來來回回地轉世，一直轉到圓滿了為止。但如果你能了悟生存的本意，一世中間就把這些都做到了……

吳：因此就會開心了，是不是這意思？

沈：哦？為什麼你會這麼想？

吳：我覺得只要想通了這六套東西，兩個兩個搭配好，整個人就是平

衡的。人平衡了以後，看世界就是平衡的，因此你會開心，至少你不會難過。不難過，不就開心了嗎？

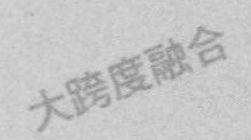

沈：我覺得應該從大跨度融合的角度來理解它和開心的關係。

吳：怎麼說？

沈：比如說，你光有智慧，不肯勤奮，那麼再多的智慧也只會被你浪費掉了，你只會一再地後悔，一再地處在自我矛盾和自我掙扎中，蹉跎過一世，永遠不會真正的開心。

吳：對！

沈：但如果你是勤奮而不肯動腦筋，做錯了繼續做，做了又錯，搞得頭破血流，所有努力付諸流水，人生走到這種地步，哀莫大也。所以，只有把勤奮和智慧真正結合在一起，加以善用，才能結出善果來，讓你在生活中真正體會到勤奮和智慧的歡樂。

十二生肖的兩兩相對，它的本意都是如此，你只要細心去體會，就能感受到：只要按照我們祖先的要求和願望，真正把它們融合起來，人生就會散發出應有的歡喜和光芒。

吳：沒想到我們的生肖竟有這樣的意義。

沈：現在的人大都不知道。一輩子屬豬的人，不知道到底屬豬的意義何在？也不懂老祖宗為什麼要弄出一個屬豬來？如果他能真正理解了，懂得從對應面切入，屬豬的知道在隨和的本性中，一定要去追求忠誠。而屬狗的在自己忠誠的本性中，懂得要到對面去做到隨和，如此外圓內方，才能真正做到既使自己的內在安心，又能和外界和睦相處。開心不就是這麼來的嗎？

所以，這十二生肖的兩兩相對，是非常辯證的。

辯證

吳：怎麼會是辯證的？

沈：我不知道辯證這個詞在大陸跟台灣的用法是不是一樣。在大陸，所謂的辯證就是指既是相反的、矛盾的，但是又要互相融合在一起的，可以說是把矛盾統一、對立統一。你看，虎的大膽和兔的謹慎不就是相反的特質？但是膽大就是必須和謹慎結合在一起，一個人才能做到所謂的「膽大心細」。又比如說陰和陽，它們是對立的，但只有陰陽調和統一了，陰陽才會和諧、才會活起來。

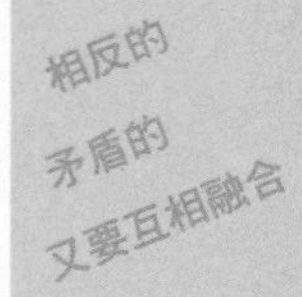

從辯證的角度來看，所有的事物都有對立的兩方面，但這對立的兩方面一定要易位，切入到對方去，才能在互動中融成一體，形成一個和諧的場，一個有生命的場。

吳：嗯，我瞭解了，謝謝沈老師！

2003年12月12日 第八回

智慧

智慧是什麼

沈：昨天你不是問我「智慧是什麼」嗎？

吳：對，我記得你說：「智慧是知識和靈性的有機結合。」

沈：沒錯。昨天我回去又想了一下，覺得用故事來講也許更能說明什麼是智、什麼是慧、什麼是智慧。

吳：太好了，那是不是表示今天又有故事聽了？

三個和尚

沈：呵呵，你還記得第一天來採訪的時候，我說了三個和尚種田的故事吧？

吳：記得記得。

大智、大慧、大悟

沈：今天的故事就從這三個和尚通過師父的考核後，下山度化眾生講起，這次我給他們三人取了名字，一個叫大智、一個叫大慧，一個叫大悟。

吳：誰最大？大智？

沈：不是，大悟是大師兄，大慧是二師兄，大智最小，是小師弟。

大智

是誰抱起了那女子？

渡河

沈：這天，師兄弟三人走呀走的，來到了河邊。這條河不是很深，水最多淹到膝蓋，因此所有人都是褲管一捲，直接就涉水而過了。三個和尚也有樣學樣，開始捲褲管準備渡河。這時候，又走來了一個年輕女子，她也想過河，可是裙子一層又一層的，怎麼也弄不上去。年輕女子急壞了，因為再過一會兒河水就要漲了，再不渡河今天就過不去了。

大智在旁邊看了，只是搖搖頭，心想：「不是我不幫你，我們出家人不近女色啊。」

不近女色

而大慧呢，他走過去跟女子說：「你把裙子撕開、往上拉，等回家再縫起來吧。」可是女子聽了卻很猶豫。一是，撕開裙子露出腳她不敢，二是，就算她敢，她也不一定有力氣撕得開呀，難不成還要請旁邊那三個和尚幫忙撕，那成什麼樣子！眼看著水越漲越高，女子急得淚水都在眼眶裡打轉了。

這時候，大悟走過來，一把抱起女子，過了河；一過了河，又立刻把她放下來。

大家都過了河之後，師兄弟三人又繼續往前走。走著走著，小師弟大智實在忍不住了，跟大慧說：「出家人不近女色，大師兄怎麼可以抱女子呢？」

大慧說：「大師兄沒抱。」

大智說：「大師兄明明就抱了，你怎麼說他沒抱？」

大慧堅持：「大師兄沒抱！」

大智卻一口咬定：「大師兄抱了！」

兩人你來我往各持己見，最後大智說：「不信我們問大師兄，總歸他也抵賴不了。」

於是，大智和大慧追上走在前面的大悟，問：「大師兄，你說你抱了那女子沒有？」

大悟說：「大智說的沒錯，我是抱了，我用雙手抱起了一個需要幫助的人。但是，我沒有抱女色，所以大慧說的也沒錯，在我心裡，我沒有抱起那女子。倒是大智你，在心裡把那個女子抱起來了，一直抱到現在還沒放下。抱這麼久，你也該累了，放下吧！」

大智一聽，當下就明白了。

大慧則對大師兄深感佩服，心想：「我還是不如大師兄，我雖然知道大師兄根本沒有抱起色，所以也談不上放下色，但怎麼也說不清楚。還是大師兄厲害，三言兩語就讓大智把色放下了。」

吳：沈老師，這個故事太棒了，還有嗎？

水越漲越高

一把抱起女子

抱了

沒抱

放下吧

沈：有呀，今天就是來講故事的。

再好的法，也有放下的時候

沈：三個和尚過了河繼續往前走，走著走著，又來到一條河前面。這條河一看就比較深，尤其是河中間那一段，所以想要直接涉水過河是不可能了。

三個和尚當中，小師弟大智是個很有科學精神的人。他看了看河中心，拿起一塊石頭往河裡一扔，聽了聽石頭落水的回聲，說：「水很深，大約有 2 公尺 30 公分。」然後，他往四周一看，發現河邊有蘆葦，再過去還有一片樹林，但樹都很小，最多不過拳頭粗細，又說：「樹幹太細了，做不成獨木舟，只能紮木筏過河了。」

紮木筏

大慧問：「做木筏大概要多少時間？」

大智估算了一下浮力，推算出要紮多大的木筏後，說：「我們大概需要 231 根木材，還要把蘆葦搓成繩子，用來紮木筏，算一算，今天肯定是過不了河的，起碼要花三天的時間。」

231 根木材
花三天時間

大慧一聽，搖頭道：「那怎麼行？這樣吧，你們聽我的。」說完，他跑到蘆葦叢前，啪啪啪，拔了三根蘆葦，給大師兄和小師弟各發了一根，說：「旁邊有大鵝卵石，我們每人抱一顆大石頭，增加下沈力，直接從河裡走過去，走到深的地方就把蘆葦含在嘴裡，當呼吸管。這條河又不寬，一下就能走過去的。」

三根蘆葦

當呼吸管

大智聽了，馬上表示反對。他說：「你想得太簡單了。我們又不會游泳，又不知道河底是怎麼樣的結構，萬一我踩滑、跌倒了，你肯定要來救我。要是你救我時也跟著滑倒，大師兄再來救，那不是全都滅頂了！不行，還是應該做木筏！」

兩師兄弟相持不下，最後又去找大師兄評理。

大悟問他們：「小時候踩過高蹺沒有？」

兩人都回答：「踩過！小時候經常踩高蹺的。」

大悟說：「那好，今天我們就當回到小時候，再玩一次踩高蹺吧。」他先對大智說：「大智，你去砍六根木材回來，做成三對高蹺。」又指揮大慧：「大慧，你去拔些蘆葦回來，待會我們就用蘆葦把腳綁在高蹺上。」一切準備妥當後，三人就踩上高蹺，又用蘆葦把腳和高蹺綁得結結實實的，高高興興踩著高蹺，順順利利過了河。

踩高蹺

過河之後，大智高興得不得了，說：「哎呀，這個辦法真好！這個高蹺我不脫下來了，就綁在腳上，這樣走路還快呢。要是再碰上河，怎麼都不怕了！」

不脫下來了

大慧說：「你又不知道下一條河是什麼樣子的，萬一河底有淤泥，高蹺一踩下去不就拔不出來了？像你這樣子最危險了，一遇到好的經驗，就死抓著不肯放，一直用一直用，即使環境、條件都不一樣了，你也照用不誤，這可是犯大忌啊！大智，你還是趕緊把高蹺脫下來扔了。」

死抓著不肯放
犯大忌

大智說：「我不脫！這麼好的方法，走路又快，又能過河，我不脫！」他怎麼也捨不得把高蹺扔了。

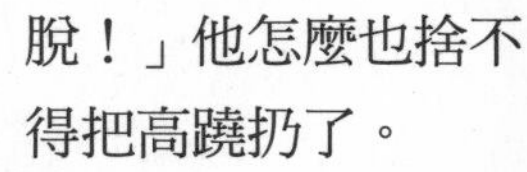

最後，意見相左的兩師兄弟，只得又跑去問大師兄。大悟想了想，對大智說：「這樣吧，要是你捨不得扔，就把它們綑在一起，當作扁擔，用來挑我們的行李。我們師兄弟三人輪流挑著

扁擔走，省得每個人都帶一大包。那麼，等你什麼時候又想踩高蹺了，就把行李拿下來，再把扁擔變成高蹺用好了。」大智一聽可以不扔掉高蹺，他就高興了，不再跟大慧吵。於是，三個和尚把高蹺綁在一起變成扁擔，挑起他們的行李，繼續度化眾生的旅程去了。

吳：這個故事還是講「放下」？

沈：對。

吳：不一樣的是，上次要放下的是女色，這次的是……經驗？

回到空、回到無

沈：對。再好的經驗、再好的法，用過了就要放下，讓自己回到空、回到無。

吳：為什麼要回到空、回到無？

去體悟、去善用

得道

變成我心

智慧覺悟

沈：你不是常說修行嗎？修行呢，它不是你說理解了，你就獲得這種能力了。它一定要你從萬事萬物中去體悟、去善用，你才能真正得道。

什麼叫得道？得道就是變成「我心」了，我心就是「悟」，所以得道就是悟。智慧覺悟，悟放在最後，就是因為智、慧、覺、悟是有先後順序的，而不是一下子就到達悟的。

你呢，可以說是學而有見了，在學習的過程中開始有自己的見解了，這是覺的境界，但還不到悟。要到達悟、要能真正得道，你還得去行道……

行道

吳：要在每件事情上真正的應用起來……

修行的法器

沈：對！把每一件衝突、每一個問題，都當成修行的法器、當成功課、當成你得道的機緣般去珍惜、去重視。對好事是如此

，對壞事也是如此，對好人是如此，對壞人也是如此，你都要抱著很虔誠、很感激的心來學習、來悟道、來行道、來證道，最後你才能真正的得道。到那時候，再碰到衝突，你根本不用思量，就能很清楚發生了什麼問題。如此一來，你的內心才能了無罣礙，才能沒有任何積累下來的東西，才能真正到達空、到達無。

悟道、行道、證道

沒有積累
到達空、到達無

吳：等於說，我是從面對一件一件事情的經驗中，慢慢把一樣一樣東西放空，放到最後全部都空了，是不是這意思？

真正的得道

沈：是呀，就是從無數的事情中去悟道、行道、證道，然後才能真正的得道，才能真正的放空。

吳：可是，為什麼放空呢？

沈：你要是不放空，心裡裝滿放不下的東西，那拿什麼空間來放進新的東西？新的東西還沒放進去，你心裡就滿了。為什麼彌勒佛能笑口常開，容下天下事，最主要的原因就是祂能不停的放掉，心裡始終保持是空的，因此祂什麼事情都能容，而且放進去了連波浪都不會起，所以放再多也不怕。

不停的放掉
心保持空的
放再多也不怕

吳：那麼，空是什麼？無又是什麼呢？

沈：空這個東西，從某個角度來說，和無是相通。只是無這個概念，不太容易去理解……這樣吧，我再說一個三個和尚的故事。

吳：好。

無，也就無量、無限、無盡

沈：這天，三個和尚來到一間寺廟。這間寺廟雖然破舊了點，但附近百姓很多，於是他們決定住下來度化百姓。三個和尚都是有德之人，所以他們加入後，寺廟的香火也就更旺了。

這下子，寺廟隔壁的道觀就不痛快了。道觀裡的道士們一看大家都往寺廟燒香去了，心生嫉妒之下，他們決定施展法術把廟裡的香客趕走。這些道士的道行很高，一會兒招來鬼，一會兒招來魔的，各種各樣的怪象紛陳，嚇得寺廟裡的香客都不敢上門，和尚也紛紛想離開。

廟裡的方丈一看大勢不好，現在別說香火，連自己廟裡的和尚都要保不住了，趕緊找來三位和尚，問問他們有沒有什麼對策。

誦念《金剛經》

大智說：「這樣吧，我們三人分成三班，各自負責早、中、夜班，大聲誦念《金剛經》對抗他們。我們有三個人，又可輪班休息，所以即使天天唸也不會累。而施法就不同了，施法是要耗自己的法力的，道士們可消耗不起。」

方丈一聽，贊同道：「這個好！這個好！」

接著，方丈又問大慧的意見。

大法會

大慧說：「我們不能只是消極地抵抗，而是要積極地把危機轉變成機遇。不如乘這個機緣，我們大發請帖，邀請各地大德高僧來舉行一次大法會。藉由外魔邪道的侵擾，讓佛法更加發揚光大。」方丈一聽，覺得這個方法也很好，又說：「這個也好！這個也好！」

比拚

最後，方丈問大悟。大悟說：「好是好，就怕我們做了法會鬥贏他們之後，他們也會去請道家的高人再來比拚，這樣你鬥我、我鬥你下去，什麼時候才會結束呢？」

大家一聽，想想的確是這個道理，剛剛的鬥志一下子就被澆熄了，只得追問大悟：「那你說該怎麼辦？」

大悟說：「這樣吧，乾脆我們退一步，讓他們！」

吳：讓他們？怎麼讓？

出去化緣

沈：大悟說：「大家全部出去化緣，為期三個月。這座寺廟有點破舊了，不如藉這個機會，出去化緣籌點錢回來修修寺廟。退一步海闊天空，我們出去實實在在做好自己該做的工作。」

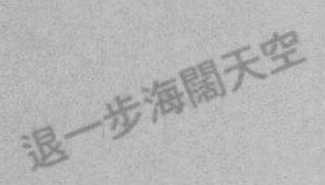

方丈說：「這樣也不錯，可是寺廟怎麼辦呢？」

大悟回答：「我來留守」。

大智和大慧都說：「你一個人在這兒，他們施展法術時，你怎麼辦？」

大悟說：「你們儘管去吧，我沒問題的。」
最後，大家決定採用大悟的意見，因為從方丈到和尚都認為能夠重修寺廟才是最實在的事情。於是，所有和尚都出外化緣去了，只留大悟一個人守著寺廟。

那麼，大悟怎麼抵擋法術呢？他什麼也沒做。道觀那邊天天做法，大悟在這邊每天照常吃飯、睡覺，完全不理會他們。
三個月後，和尚們都回來了。大家一看，大悟好端端的，什麼事都沒有，而且道觀那邊也不鬧了。大家都很好奇，問大悟：「道觀的法術那麼厲害，現在卻無聲無息了，而且你和寺廟還好好的，什麼事也沒有，你是怎麼打敗他們的？用了什麼法術不成？」
大悟說：「我沒用法術，也沒法術可用。有法術就有量、有限、有盡，等他們法術都表演完畢，自然也就沒有了。而我，無法術，所以我無量、無限、無盡。」

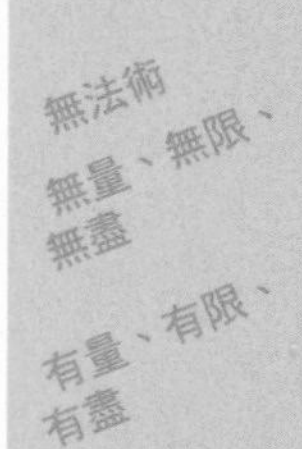

大家一聽，恍然大悟：「原來『無』這麼厲害！」大悟說的這些話以前他們也常聽，但今天聽來，感受卻完全不同。

吳：無，就無量、無限、無盡；有，就有量、有限、有盡……

沈：對。大悟不和道士爭、不和道士鬥，他是無；而道士們有法術，他們是有，有就一定有量、有限、有盡。

吳：嗯！

沈：和尚們回來之後，寺廟便開始大興土木，重塑金身，裡裡外外整修得煥然一新。而道士們一看隔壁香火又重新旺了起來，大嘆：「不行了，我們爭不過他們，還是離開這裡，另找別的地方去吧。」就這樣，道士們全跑到別的道場去了。

吳：所以，結論是無勝於有？

無勝於有

沈：對！

吳：而放空，才能回到無？

放空，才能回到無

沈：對，不放空，你就會有量、有限、有盡。

吳：我懂了。

沈：無的作用還不止於此，你聽我講下去。

吳：還有故事？

沈：還有！

無，讓人有擔當

沈：寺廟整修好之後，香火變旺了，善男信女常常來進香，周圍也漸漸熱鬧了起來。而隔壁的道觀不是道士都跑了嗎？結果，有一對母女就在空下來的道觀開了一家雜貨鋪。

雜貨鋪

雜貨鋪生意不錯，因為這家的女兒長得很漂亮，街坊鄰居都來走動光顧，說是到雜貨鋪挑東買西，實際上都是想和女兒多說幾句話。沒想到，過了一段時間，雜貨鋪的女兒懷孕了。她的母親知道後，暴跳如雷，對女兒又打又罵，逼問女兒：「孩子的父親是誰？」這位母親是很潑辣的女人，你想想，一個寡婦帶著女兒生活，不強悍點怎麼行呢？她女兒實在頂不住了，推說：「是寺廟裡那三個和尚的。」

女兒懷孕了

這下，母親更氣了，心想：「好哇，這三個和尚道貌岸然的，暗地裡居然幹這種缺德事。」她氣沖沖跑到寺廟裡質問三個和尚。

質問三個和尚

大智馬上否認：「不是我！」

母親問：「憑什麼說不是你？」

大智說：「我身上有一個非常明顯的特徵，即使黑暗中也能看見。你回去問問你女兒，這個特徵是什麼？要是她說對了，我就認！」大智用了個技巧，幫自己脫了身。

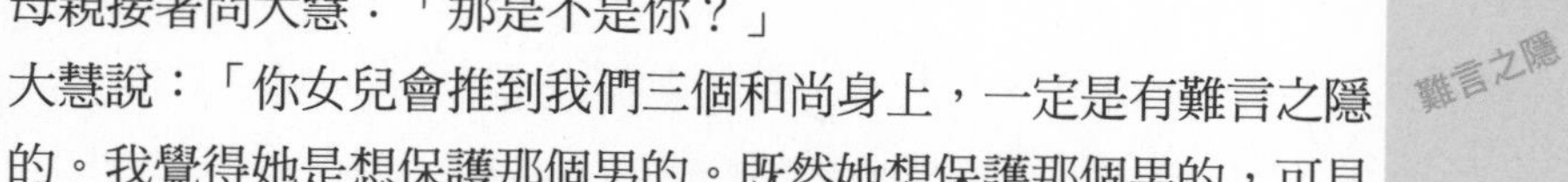

母親接著問大慧：「那是不是你？」

難言之隱

大慧說：「你女兒會推到我們三個和尚身上，一定是有難言之隱的。我覺得她是想保護那個男的。既然她想保護那個男的，可見那男人一定就住在你家附近，而且你女兒心裡明白，就算說出來，你也不會同意他們結婚。你不妨先回去，不露聲色觀察幾天看看，說不定就有線索了。」大慧選擇坦誠以告，而且說得事事在理，這位母親也是個有社會經驗的人，自然不好意思再跟他糾纏了。

善哉善哉

但是，她不甘心呀，心想：「這裡不是有三個和尚嗎？還有一個沒問！」她轉頭問大悟，可是大悟什麼也沒說，只唸了句：「善哉善哉。」

雜貨鋪的母親拿大悟沒辦法，最後只好依照大慧的建議，回去耐心等待，留意觀察看看有沒有相關的線索。可是，她女兒和那個不知名的男人都很有耐心，始終沒有露出破綻，等到最後，反而是孩子生下來了。孩子一落地，雜貨鋪的這位母親又氣沖沖抱著孩子衝進廟裡找三位和尚理論了。

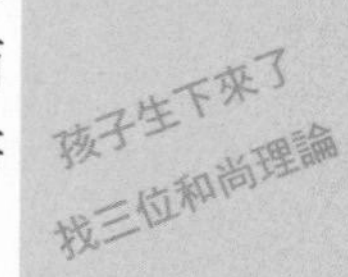

大智一聽到通報，馬上三十六計走為上策，溜了。

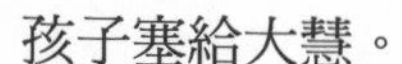

大慧沒走，被母親堵個正著，問他：「你不是叫我觀察嗎？你看，人沒出現，孩子倒生出來了。」說完就要把孩子塞給大慧。

大慧說：「這樣不行呀，你把孩子交給我們，我們沒有奶，又不會照顧孩子，孩子怎麼活？不如你們帶著小孩離開這裡，搬到沒人認識的地方去。我知道你的雜貨鋪這幾個月一直關門沒營業，目的就是不讓你女兒挺著身孕見人，所以也沒什麼人知道這件事。但你要是把孩子放在廟裡，大家不就知道孩子的事了嗎？到時候大家肯定要打聽孩子的來歷，反而會弄得人人都知道你女兒的事。你女兒早晚要嫁人的，你還是再考慮考慮吧。」

可是這回雜貨鋪的母親什麼也聽不進去，她看大慧不肯接孩子，就把矛頭轉向了大悟，說：「上次看你隱隱晦晦的，我就覺得有問題，這個孩子肯定是你的！」說完就把孩子往大悟手裡一塞，轉身跑回家了。

孩子肯定是你的

吳：啊？就這麼把孩子留下啦？那大悟怎麼辦？

沈：大悟把孩子接過來，抱穩了，還是什麼也沒說，只唸了句：「善哉善哉。」

善哉善哉

從那天起，大悟就自己想辦法養活孩子，一句怨言也沒有。孩子哭鬧了，他盡心盡力哄他；孩子餓了，他到處跟人家化緣，要來牛奶、羊奶。有人恥笑他：「一個和尚居然做出這種荒唐事！」他也只當作沒聽見，照常四處化緣，要來食物和衣服給孩子用。

想辦法養活孩子

就這樣，孩子在大悟的照顧下一天天養大了。大智和大慧見孩子可愛，在念經之餘也會抽空逗逗孩子，大家嘻嘻哈哈，也挺開心。只是說到要幫孩子化緣，大智、大慧兩人就不肯去了，因為太丟臉了。每一次都是大悟自己抱著孩子挨家挨戶去化緣，只要知道哪家的女人有奶，他就上門去拜託幫忙餵哺孩子，這家吃兩口奶，那家吃兩口。不管別人怎麼恥笑，只要這個小孩能夠健康成長，其他的，大悟都不在乎。

幫孩子化緣

太丟臉了

三個月過去了，孩子的母親，也就是雜貨鋪的女兒，她看到大悟為了養活孩子天天受辱，尤其是看到大悟抱著孩子轉身往回走時，有人還會拿臭雞蛋、爛番茄往他背上扔，而大悟還是不急不慢哄著孩子往回走，她實在是看不下去了。她哭著跟母親說了實話。原來，孩子的父親就是他們的街坊，男方的家裡很窮，她母親從一開始就拒絕了男方，所以她和那男人才一直不敢講。但，她實在受不了良心的譴責了，小倆口一起跪在母親跟前，哭著求母親成全他們。

天天受辱

良心的譴責

雜貨鋪的母親雖然很潑辣、很厲害，但心畢竟是肉做的，也心軟了，而且她也明白孩子肯定不是和尚的，可是和尚卻為了養活孩子遭人唾罵、吐沫也不放棄，她也熬不住了。於是，三個人一起到大悟跟前跪下，懇求他的原諒。他們想把孩子接回家，還邀請大悟來給小倆口主持婚禮。

懇求原諒

這時候，大智和大慧有意見了。

吳：哦？他們不願意？

沈：也是有點捨不得吧。

大智說：「這個孩子畢竟是我們用心血每天撫育的，怎麼能說接走就接走呢？」大慧也覺得不能讓他們這麼輕易把孩子帶走。但是大悟還是什麼也沒說，只淡淡唸了一句：「善哉善哉」，就讓雜貨鋪一家人把孩子接回家了。對大悟來說，他心裡有一個「無」，所以什麼東西都落不到他身上。

善哉善哉

無

落不到他身上

吳：落不到他身上是什麼意思？

沈：就是任何外境都不能干擾他，也不能影響他，別人怎麼看他、怎麼對待他，他都不受影響。

吳：所以這是在講無跟有的差別？大悟接收了這個孩子，他只是在當下做該做的事，人家錯怪他、罵他、污辱他，對他而言都沒關係。

無跟有的差別

評價系統
自身之內

沈：對，都影響不了他。就像我從前說過的評價系統，大悟的評價系統是在自身之內，他覺得這件事情該做，所以他就做了，而且他也知道整件事需要有一個過程。

過程

吳：去把真相找出來的過程？

沈：嗯，他就來擔當這個過程。那麼，在這過程中必然會有曲解，有誤會，這些在他看來都很自然、很平淡。

吳：因此遇上再難堪的事，他也能無所謂？

沒有我相

沈：他就當作是自己的修鍊。實際上大悟是沒有我相，他是很系統、很整體、很全面地為別人考慮，他覺得對方一定是需要有一個過程。

也就是說，他考慮問題已經不僅僅是考慮空間了，他也會考慮時間。就像前面的道觀施法術那件事，他讓寺廟裡的和尚退一步，出去化緣三個月，實際上也是給道觀的道士們一個表演的時間。

表演的時間

原本寺廟香火很旺，而道觀沒有香火，但道士們有高強的法術呀，他們一定會覺得：「我們有這麼多法術，憑什麼拚不過你們？」如果不讓道士們把法術全部表演出來，他們肯定不甘心。而大悟就是給他們這一段時間。但是只要是有，就有量、有限、有邊、有盡。所以，他是在給道觀一個過程。

這個故事裡的雜貨鋪母女也一樣，她們也需要一個過程，大悟心裡明白，他也願意幫助她們來完成這樣一個過程。他願意擔當下來，幫助她們度這個劫。這麼做，不僅他自己提高了修行，也幫助別人提高了覺悟。

修行
覺悟

吳：讓雜貨鋪母女得到覺悟？透過這三個月天天看著大悟被唾棄？

沈：是啊。要是沒有這麼多人羞辱大悟，往他背後扔臭雞蛋、爛番茄，雜貨鋪母女覺悟得還沒這麼快呢！但是對大悟來說，這只是一個擔當，修行的過程中是需要有擔待的。

擔當
從無做起

吳：而要能有這樣的擔當，要從無做起。

沈：對！

吳：沈老師，你這幾個故事說得太好了。實際上，像空呀、靜呀、無呀、放下呀，這些道理每個人都聽過，但要真正理解卻不是那麼容易的。以前我還跟朋友辯說這些道理是違反人性，根本做不到呢。

違反人性

沈：呵呵！

吳：不過，你的故事就把這些道理講得很淺顯、很容易懂，而一弄懂了，就知道該怎麼去做了。

粗淺的道理

沈：對呀，實際上這些都是很粗淺的道理。
所謂真理，一定是不複雜的。

吳：好棒！三個和尚的故事還有嗎？

沈：今天就是專門來講故事的。
我再講一個！

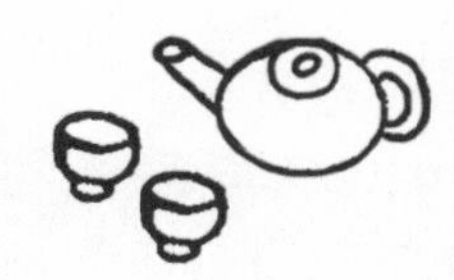

百年垢衣，一日得淨

沈：三個和尚經過了雜貨鋪女兒的事件之後，決定離開寺廟，繼續去雲遊。後來，他們來到一間破廟前，便住了下來。

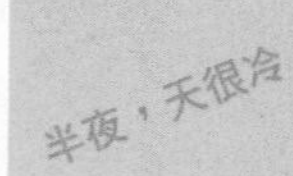

有一天半夜，天很冷，三個和尚正在打坐，突然「砰砰砰」大響，有人把門拍得又快又急。

大智說：「不要開門！聽這敲門的聲音，就知道拍門的不是個好人。」

大慧卻說：「佛門廣開，不分惡人善人。再說，我們三個和尚一無所有，還怕他來偷來搶？就算他把我們殺了，我們也是提早成正果而已，沒什麼好怕的。」說完，他披上衣服，把門打開了。門外站了一個大約四十來歲的男人，看起來很凶狠，他連一聲招呼都沒打就大搖大擺進了寺廟。進來後，他四下看了看，就要往一個蒲團坐下，這時大悟說話了。大悟把自己的蒲團遞過去，說：「坐這個吧！這個蒲團我坐了一整晚，是暖的，不像其他的蒲團那麼又冷又硬。」那人聽了，也毫不客氣，一屁股就坐了下來。而一坐下來，他馬上感覺到：「真

暖和！」

大悟讓出蒲團後，又走去廚房燒了水，倒了一杯熱水給那個男人。男人喝了一口熱水後，長嘆一聲：「唉，我做了無數惡事，這兩年天天睡不好，各種各樣壞念頭像妖魔鬼怪一樣不斷出現，今天晚上也是這樣子。我知道像我這樣的人是沒救了，犯的罪孽太多了。」說完，他轉向大悟，說：「今天是生平第一次有人對我這麼體貼，想必你是個有德高僧，能不能請你給我開示開示？」

大悟說：「哎呀，你找錯人了。」

那人道：「為什麼？」

大悟回答：「因為我犯的罪孽比你更多。」

真暖和

天天睡不好

罪孽太多

開示

那人說：「怎麼可能？我做過很多很多壞事。」

大悟說：「嗯！我做過的壞事比你更多！」

那人瞪大眼睛，又說：「我殺過很多人的。」

大悟說：「你不就今世殺了幾個人嘛，我累世不知道殺了多少生靈，連我自己都弄不清楚了。」

那人更吃驚了，說：「那你怎麼能這麼平靜？」

大悟說：「一件衣服如果穿了幾十年，很髒很髒了，並不代表你要用幾十年時間才能把它洗乾淨。像我，只要用半天時間把衣服好好地洗一洗，然後再拿到太陽下去曬兩個小時，衣服就乾乾淨淨了。幾十年的污垢一天之內就全沒了，你說，我能不平靜嗎？」

那人喃喃說道：「我一身的罪孽就

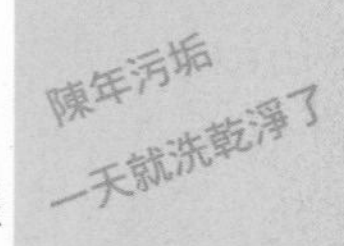

像衣服上的陳年污垢……」想到這裡，他彷彿想通了什麼似的，突然站了起來，仰天大笑：「哈哈哈！一天就洗乾淨了!!我的罪孽一天就洗乾淨了，我可以做好人了！」

吳：有點「放下屠刀，立地成佛」的感覺。

沈：佛經有云：「百年垢衣，一日得淨。」一個人不管先前做了多少壞事，只要他能痛下決心，把內心所有惡念一個個全部剔除，讓自己活在陽光下，那麼他就能夠開開心心重新做人，像一件乾淨的衣服，沒有一點污垢。

吳：這故事也好棒，還有沒有？

沈：有。

■你看到的是佛？還是牛糞？

沈：有一天，三個和尚在一起打坐。

打坐

大智問大慧：「師兄，你看我打坐的樣子像什麼？」

大慧認真看了一會兒，回答道：「哎呀，就像一尊佛！」

然後，他反問大智：「那你看我像什麼呢？」

大智看了看，卻回答：「我不敢說。」

大慧說：「你儘管說吧，像什麼就說什麼。」

沒想到，卻聽大智道：「你盤腿坐在那兒，看起來就像一大坨牛糞。」

大慧聽了並沒有生氣，只是笑笑，沒有說什麼。

大智見二師兄沒有回話，自以為在禪機上贏了大慧一回，心裡很是得意，於是跑去告訴大師兄這件事。可是，大悟聽完了卻跟大智說：「你還是輸了。」

輸了

大智不解，問：「我怎麼輸了？」

佛心
牛糞

大悟道：「大慧有佛心，所以他放眼看到的都是佛；而你呢，是心裡有牛糞，看到的都是牛糞。心中所念，即是所見，所以是你輸了。」

吳：哈哈！這個故事是改編自蘇東坡和佛印禪師的故事，對不對？

沈：對。

吳：奇怪，大智怎麼會覺得自己贏了大慧呢？

沈：因為他覺得自己比大慧機智，在機鋒上壓過了大慧，讓大慧都回不出話來了。

吳：這樣他就贏了？怎麼會？

比機鋒

沈：哎呀，你不知道，禪宗打禪機後來有點走偏了，變成在比機鋒，誰的話鋒犀利、誰的反應機智，誰就壓倒對方。

吳：怎麼會變成這樣？

辯

沈：這一切可以說是從「辯」開始的。

吳：辯？

辯證
為了證道

沈：對。中國人講辯證，其實就是從佛學延伸過來的。佛教從很早開始就有舉辦法會進行辯論的傳統，而辯論的目的是為了「證道」。不過，很多事情都是一開了頭就自有自的發展軌跡，收不了手，也不受控制了。辯論就是這樣子，辯論發展到最後就成了無論如何一定要壓倒對方。

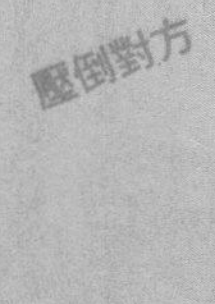

壓倒對方

本來，辯論是為了證道的，但辯著辯著，大家就成了為了辯而辯，辯本身反而成了目的。結果，辯成了爭，辯論成了爭論。

辯論成了爭論

吳：等於我們兩個講講講，我講得你沒話說了，我的話鋒把你壓下去了，我就贏了？

沈：對，你壓得我沒話說了，你就贏了。

不過，我這個故事還不算講完。

吳：哦？還沒講完？

沈：對呀，大悟還沒回答大智一開始那個提問。

如果你是大悟，你會怎麼回答「打坐的樣子像什麼」這個問題？

吳：唔……

沈：如果我是大悟，我會說：「我既看到了佛，也看到了牛糞。」

吳：哦？既看到佛，也看到牛糞……

沈：為什麼我要說這個話呢？因為我發現你有個優點，也可以說是弱點——那就是你總是把別人都看成佛。但是，人是一念可成佛，一念可成魔的，這個一念是一天就輪迴個好幾遍，而不是一世才輪迴一遍的。所以，看一個人，你既要看到佛，同時也要看到牛糞。

你呢，不是看不到這些牛糞，而是往往故意不去看這些牛糞。你其實很能把一個人看個透澈明白，比如說，我花五分鐘把這個人看了個透澈明白，而你很可能花上三、五小時去把這個人看個清清楚楚、明明白白，舉凡他的經驗、他的優點、他的缺點、他的個性、他的稟賦……一一看個透澈。但是，你會在這三、五個小時裡，就光去看他的佛的那一面，還看得興高采烈。難道說你不知道他有牛糞的那一面嗎？不是，你是故意不去看。

這就好比你打開了一個人的網頁，卻永遠只是把裡面那些精采的部分一遍又一遍地看，一遍又一遍地讚嘆。至於那些不好的部分，你就是不打開、不去看。你說你知不知道有那些不好的部分呢？當然知道，但是你就是盡量不去看、盡量迴避著它。

其實，這個世界上所有的人、事、物就是一個「混」字，蛋黃和蛋清是混在一起的，優點和缺點也是混在一起的，沒什麼叫好，也沒什麼叫不好。

吳：所以，我們常說「難得糊塗」，這個「糊塗」是指不要去計較的意思，是不是？

沈：糊塗一定要從清楚裡邊去找。也就是說，你要清楚了，你才能糊塗；而你想要糊塗，就得看清楚。就像大悟，他面對雜貨鋪女兒

還不算講完

既看到了佛
也看到了牛糞

一念可成佛
一念可成魔

混在一起

難得糊塗

看清楚

生子風波時，他很清楚別人看到他抱著嬰兒去施捨時會怎麼對待他、很清楚別人會做什麼事，所以他才能裝糊塗。

才能裝糊塗

同樣的道理，只有在你看清楚一個人的弱點、透徹了解一個人的弱點時，你才有可能去用他的優點，並包容因他的弱點帶來的麻煩。

吳：所以這是層次問題，糊塗只在於行為上，在於理解上，實際上，人本身並不是糊塗的。

沈：人一定不是糊塗的。糊塗是用在處事這一部分。

吳：我理解了。

翻牆吃狗肉，怎麼罰？

沈：最後，我再講一個，今天的故事會就該結束了。

吳：最後一個啦？

沈：是呀，以後還會有機會的。

話說，大智、大慧和大悟三個和尚在破廟裡住了一陣子之後，有一天，來了個小和尚，懇求三個和尚收他當小徒弟。三個和尚答應了，於是小和尚便留了下來，天天幫忙做這做那，把寺廟打理得乾乾淨淨的。

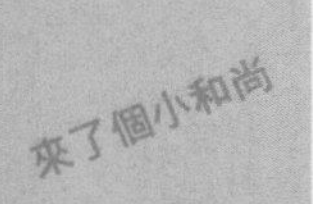

這年冬至時，天氣變得很冷，小和尚的玩伴來邀他：「今天晚上冬令進補，我們要吃狗肉，你要不要一起來？」

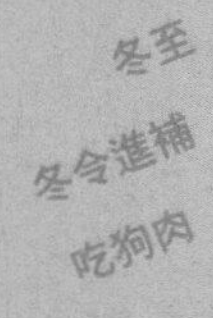

小和尚一聽，連忙推辭：「不行不行，我怎麼能吃狗肉？」不說他已經剃度出家了，他三位師父都在呀，他怎麼能吃狗肉！

可是到了晚上，小和尚卻翻來翻去睡不著了，心裡忍不住想：「要不要去吃狗肉？

去？還是不去？」

他翻來覆去的動靜，早就讓在旁邊打坐的三位師父察覺了，只是三人都沒出聲。

最後，小和尚按捺不住想吃的欲望，偷偷起了身，往門口走去。正打算拉開門栓，不知為什麼他又停住了，想了想，又走回了寺裡。

一直不動聲色觀察小和尚的三個和尚，以為小和尚想通了，不去了，原本懸著的心都放了下來。沒想到，過了一會兒，小和尚又偷偷摸摸到了寺門口，而且這回搬來了一張凳子！原來，小和尚不是不去了，而是怕拉門栓的聲響驚動了師父，回來搬凳子的。

小和尚把凳子搬到大門旁邊的牆角，就踩著凳子，一下子翻出了牆。等小和尚翻牆出去，三個和尚便開始討論該怎麼辦。

大智說：「我們把凳子搬走，讓他回來的時候，知道什麼叫『懸空』。他讓我們一整晚心裡懸著，我們也讓他在牆上懸一懸，踏不到實處，將來他才知道什麼叫『踏實』。」

大慧說：「不妥。」

大智問：「哪裡不妥？」

大慧回答：「沒有凳子，他很可能會從牆上摔下來。摔下來，他就會怨恨我們。我們當師父的，不能幫助他去嗔、去怨。如果他去嗔、去怨了，你說他還會有長進嗎？」

大智問：「那你說該怎麼辦？」

大慧說：「不如我們合三個人的功力，把他們吃掉那隻狗的狗皮挪移過來，鋪在凳子上，讓他回來時踩在狗皮上。到時候他把凳子搬進來，一看到血淋淋的狗皮，怵目驚心之餘，應該就會反省：『為了吃狗肉，抽筋扒皮的，實在殘忍！』」

大慧說完了，轉頭問大悟：「大師兄

去？還是不去？

不動聲色

搬凳子

翻牆

懸空

踏實

狗皮

，你覺得怎麼樣？」

大悟說：「不用費那麼多事，聽其自然吧。」

既然大師兄這麼說，大智和大慧也不堅持，凳子不搬，狗皮也不挪了，三人繼續坐定，不再想這件事……

繼續坐定

吳：故事完了？

沈：還沒，小和尚還沒回來呀。

積雪

外面雪越下越大，積雪也越來越深，小和尚還沒有回來。大悟不放心，擔心凳子上積了雪，小和尚回來時會不小心踩滑。於是，大悟站起來，走到牆邊把凳子上的雪撣掉，自己坐在凳子上，一動也不動，靜靜等著小和尚回來。過了沒多久，大悟身上也落了雪，整個人就像個雪人似的。

雪人

不是凳子

終於，小和尚回來了。他還記得放凳子的位置，翻過牆，一腳踩下去，卻發現踩著的不是凳子，而是大悟師父的肩膀，下一腳再一踩，竟踩在大悟師父的腿上了！小和尚嚇了一大跳，再一看，大悟師父渾身是雪，不知道在這兒等他等多久了。小和尚心裡難受極了，覺得自己真是對不起大悟師父。他趕緊把大悟師父扶進去，燒熱水給師父喝。而大悟只是對他說：「你趕快睡吧，一晚上沒睡，累壞了。你動作輕一點，別把另外兩個師父吵醒。」說完，自己也回去休息。

其實大智和大慧都聽見了，他們心裡很佩服，覺得大師兄做得最好、最對！

吳：為什麼說大悟做得最好、最對呢？

助善

沈：因為大悟是助善，不去增加小和尚的瞋念、怨恨，而是增加溫暖，增加愛和善念。大悟覺得抽凳子、鋪狗皮都不是好方法，最後他選擇自己當「人梯」。

人梯

吳：人梯？

身教和言教

沈：師父對於弟子來說，本來也就像個人梯。師父是透過身教和言教，讓弟子一步一步踩上去，生命因此得到提升。

吳：所以，大悟是以身作則，以善念和溫暖讓小和尚明白自己錯了。

沈：對。

吳：**沈老師，今天講了這麼多個故事，實際上都是要講智慧，對不對？**

沈：對。

吳：**那麼，智慧到底是什麼呢？**

沈：智慧這個詞，大家講得太多太多，每個人、每個教派都在尋求智慧，甚至盡了自己一生的努力。可是我們怎麼真正地體會、認定什麼是智？什麼是慧？什麼是智慧？我們怎麼通過積累，達到智，然後再如何化有為無，從智飛越到慧，最後怎麼到達智慧，把所有先天的良知和後天的經驗，融合為一個互動的整體，使它不矛盾、不隔離，讓自己在有生之年能夠正智、正慧、正智慧，達到覺悟。像這些東西，一方面它太簡單了，一方面它又太豐富，所以要把這些東西用世俗的語言表達和描繪出來，不是那麼簡單。

什麼是智
什麼是慧
什麼是智慧
化有為無
到達智慧

我把智慧用三個和尚的故事講出來，就是嘗試要把歷史長河中，大家始終看成是高深莫測的東西，用最平淡、最普通、最容易讓人接受的方式表達出來，讓每個人都能很輕鬆、很愉快地吸收進去。

吳：**這也是我出版這本書想做到的。**

智慧的河流

沈：我的想法和你一致。如果能做到，我們就會看到智慧的河流開始進入到每個人的心田裡，去灌溉它。其實大家一直都在智慧這條

重新流動

不斷地循環

才是圓滿

河流裡，只是始終沒能領會到智慧的真義，得不到它的澆灌。現在我就是想讓這些智慧重新流動起來，讓智慧很容易流入每一個人心田，然後再從每一個人的心田再回流出來，帶著更多能量、更多營養再進入，不斷地循環，非常圓融地充滿了整個心田。這樣才是圓滿。

吳：**說得好！**

沈：今天就先說到這裡吧！

吳：**好的，謝謝沈老師。**

2004年2月1日 第九回

■全息

吳：沈老師，可以跟你談談我的身體問題嗎？

沈：可以呀，你說。

吳：這陣子我的腳老是在裂傷口。不是一般的那種裂法，而是忽然間「啪！」的，就裂開了，傷口滿深的。裂開以後，就開始流血，血流完了就結疤。然後，再過一天或者兩天，只要腳泡一下水，傷疤就可以剝下來，而底下的皮膚又是好好的。

流放

沈：你呀，你這個屬於流放，知道嗎？

吳：流放？

沈：這相當於身體在把不良分子流放出去。

排毒

吳：等於中醫說的排毒，是不是？

沈：是呀。

吳：可是，好痛啊！

沈：當然痛！

吳：尤其有些傷口裂得很深……

沈：肯定要裂得深的，因為傷口淺了，血流不出來。

實際上，你的腳是你身體裡最強的地方。

身體最強的地方

吳：啊？怎麼會？不是最弱嗎？

沈：不，正是因為它最強，所有不良的東西才會從這裡排出去。這麼艱苦的工作，當然要由最強的地方來承擔。要不強，怎麼受得了啊？

吳：原來是這樣子。

沈：其實像你這種情況，用土方法來處理也許會比較好。

土方法

吳：什麼土方法？

刮痧

沈：比如說刮痧……

吳：刮腳底？

沈：不一定刮腳底，刮背部或者全身都可以。

拔罐

另一個是「拔罐」，但是拔罐前要用小針先扎個眼，這樣拔出來會有黑色的血流出來。

吳：對，這個我做過。

沈：如果定期拔、定期刮，等於定期排毒、定期流放，這樣可以讓你在整體狀態還沒完全調整好之前，保持在比較正常的狀態。或者，你也可以吃點藥，有些藥是保健的，對身體沒有什麼壞處。

定期排毒
定期流放

吳：可是，辛老師希望我能自己解決。他說身體出現的所有問題都是我的功課，他要我自己處理，不要靠吃藥。

沈：那樣是最好。

吳：為什麼？

沈：因為你是通過自己的系統去解決系統裡的問題。藥呢，對於你的身體系統來說，相當於是外來的雇用軍。而雇用軍嘛，那只有在自己解決不了自己國家的問題時，才會從國外聘請雇用軍，不是嗎？

吳：辛老師說如果要跟他學，就必須自己悟出方法，自己解決。

沈：這個教法很好啊，讓你自己去悟。

吳：但是，我的悟性真差啊！

■這個世界本就是一，是全息的

沈：我記得你是學政治和戰略的，對不對？

吳：對，我在英國讀研究所的時候是學政治和戰略的。

沈：既然這樣，有一個方法對你來說會非常簡單。

吳：什麼方法？

沈：就是把你的身體看成是一個國家、看成一個社會。用治理國家的角度、用戰略家的角度去面對、去思考身體的所有問題。所以，現在你要解決的不是醫學問題了，而是你身體這個國家、這個國家的問題。

吳：就是說，把身體看成是一個整體，像國家一樣，它裡面有各種各樣的問題，而我是在解決國家問題。

沈：對！現在你是個政治家，有機會實現你身為政治家的理想，有機會表現一下你的政治才幹了。你的身體裡有無數億個細胞，它們生生不息，一代又一代，它們各自有各自的崗位，有軍隊、有警察、有運輸系統、有網絡系統，就像一個了不起的大社會。那麼，面對這麼一個有無數億公民共同生活的大社會，該如何讓它們和諧共處呢？當出現不和諧的現象時，你又該怎麼去解決？

了不起的大社會

吳：**這麼想的話，我就會做了。**

沈：是吧，這樣你就懂得怎麼做了。

吳：**對，政治、戰略我沒問題，醫學方面我真的不懂。**

沈：所以你就把身體問題當政治問題，用戰略的角度去解決。講個最簡單的，你要老百姓一起做一件事的時候，你會怎麼做？

把身體問題當政治問題

用戰略的角度去解決

吳：**嗯……告訴他們這件事有多重要，然後指導他們怎麼做。**

沈：對呀。他們做完，或者做累的時候呢？

吳：**不斷激勵他們，給他們信心，支持他們。**

沈：對呀！

吳：**沈老師，我理解了。我從來沒有對身體細胞做這些事，我也不讓細胞休息，只是奴役它們……噢！所以你要我每天讚揚身上的細胞，也就是這個道理？**

沈：對。這是最基本，也是最重要的。

其實，很多事情要圓滿解決，就看你如何去觀照。我有個弟子，他的情況就跟你很像。

如何去觀照

吳：**哦？**

沈：這個弟子最近正忙著寫有關推動中國經濟走向的書。為什麼寫這書呢？這跟他的經歷很有關係。他原本學文，是個當中學老師的，後來迫於生計，轉行去貿易公司做了銷售。他很敬業、也很努力，一路做到了銷售的副總，但整天忙忙碌碌的，和他的生活理念完全背道而馳了，這讓他覺得看不到生活的意義和目標，因此很苦惱。

他來找我的時候，我給他的建議跟給你的一樣：把自己所處的集團看成是一個社會。這個世界本就是全息的。

世界本就是全息的

吳：**全息的？**

沈：對。所謂全息的意思就是說：他這個集團所面對的所有問題，完全體現了一個國家面臨的問題，而一個國家面臨的所有問題，也同樣會在他的集團裡體現出來。有了這樣的全息觀，就剛好對了他的路子。他拿出學者的架式，把集團當成是國家的全息模型來研究，好好去實現身為學者喜歡做研究的夢想。

全息觀

後來，他不僅做得興致高昂，還因為站在系統分析、全息分析的基礎上去研究問題、觀照問題，越來越能對集團發揮善盡指導的功能，最後做到了中國最大集團的董事長。他寫的書也是用這種全息觀照問題的角度去寫的，已經出版過三本了，讓經濟界和政界都很震憾。

我說這個例子主要是讓你知道，不一定要到外部世界去尋找你的價值和意義，在你身邊就有可以讓自己的才華得以發揮的所有素材和原料。要實現自我，就從全息系統中間實現起。在這個全息系統裡，沒有內，沒有外，沒有大，沒有小，沒有整體，沒有個體，什麼分別都不存在。一個人的自身就是圓滿的，就具備了所有的一切，端看你如何去觀照，如何去實現。

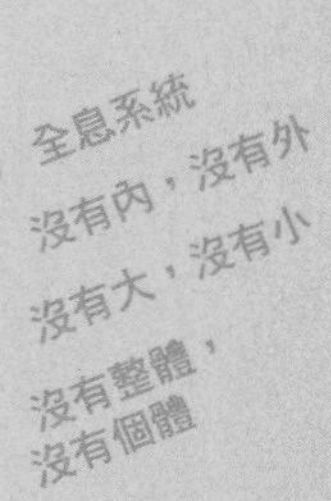

吳：等於同樣的問題，只是縮小或者放大地去解決，對不對？只要你有全息的看法，任何問題都可以比照處理，是不是這麼說？

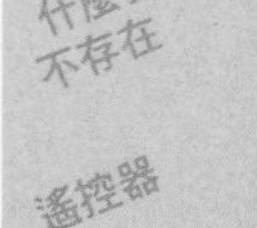

沈：這樣說吧，比如我現在給你一個遙控器，這個遙控器非常特別，為什麼呢？因為它能改變宇宙、改變地球。當你把遙控器往左邊扭，整個地球會變得非常非常小，地球上的一切也變得非常非常小，而在此同時，你是不變的，於是相對於小小的地球，你成了巨人。而相反的，如果你把遙控器往右邊扭，地球就會變得非常非常大，而相對於瞬間變大的一切，你就顯得非常非常小了。

遙控器

不過，這個遙控器還有個玄機。如果你把遙控器往左邊扭到底，地球會先是變小，小到最後反而變大；而當你把遙控器往右邊扭到底，地球會先變大，大到最後反而變小了。

表面上看起來，好像是地球一下子變大，一下子變小，一下子從一個簡單的個體變成一個巨大的群體，一下子又從一個巨大的群體變成一個小小的個體。但實際上，真正的改變既不在於地球，

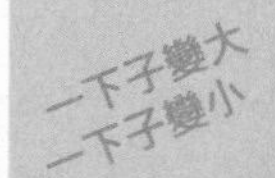

也不在於你，而是在於你的一念之間，在於你是全息的本性上。

在於你的一念之間

吳：……**有點難懂。**

沈：這樣吧，把它對應到解決問題上來說好了。如果你能用全息的觀點去體悟，那麼你就有可能很圓滿地解決所有問題、進入所有問題，因為你將能善用自己學到的所有知識去解決你面對的問題，因為你會發現你的知識和你面對的問題之間，實際上並沒有鴻溝，一點也沒有！所有鴻溝都在你的一念之間，在你的寸心之內。當你從心裡把這個鴻溝撤出去的那一瞬間，所有的鴻溝也就不存在了，因為這個世界本來就是圓滿的，原本就是一，沒有分別。

在你的寸心之內

吳：**嗯……還是不太懂。**

沈：我再舉另一個弟子來說說。這個弟子最近也在寫書，不過他寫的是政治體制改革方面的書。

前幾天，他跑來告訴我：「老師，大綱擬出來了，你能不能幫我看看？」他寫得很細，足足寫了好幾頁。第一部分從空間層面講起，舉了許多國外政治體制可供借鑑的案例，或者很重要的經驗。第二部分從時間層面講起，舉的是中國歷史上值得借鑑的例子。第三部分，他把時間和空間合而為一，建立了一個政治體制的模型，一方面站在尊重我們文化主體的基礎，同時也吸取各國政治體制的優點。整本書就分這三部分。

吳：**嗯，聽起來滿中規中矩的。**

沈：但我看完以後，把他的大綱全否定了。

吳：**啊，全盤否定了？**

全盤否定

沈：嗯，全盤否定了。

吳：**為什麼？**

沈：他這樣寫有兩個問題。第一，離政治太近了，因此內容顯得很規範，對那些領導人來說，這樣的內容看得多了，不容易引起興趣。第二，內容太政治化，實際上沒有出版的可能性。你說，對外不能出版，對內領導人不感興趣的東西，寫出來有用嗎？

離政治太近了

太政治化

吳：**那怎麼辦呢？**

沈：第一步，想要切入政治議題，就不能這麼政治化，而是要拉開距離，把它寫得越學術化越好。距離拉開了，大家才能以一種理性的態度去看待它，所以我把書名也改了，改成《人類社會——政治體制改革的動態模型》。

拉開距離

在這本書裡，著重於闡述一個理念，那就是：人類社會是一個不斷進化的生物學過程，它在不斷地調整，不斷地優化，是一個連續空間和連續時間的動態模型。我讓他從這個充分學術化的基礎上去進行研究和論述。

也就是說，他必須把讀者的視野拉到一個很高的視點，帶著大家一起往下觀照整個人類政治體制，改革這個不斷前進的動態模型。這麼一來，政治界的人，比如說那些領導們，看到這本書時，才會以一種平等的，甚至學習的心態去面對它。

往下觀照

第二，視野拉高了以後，反而要把時間縮短，這樣才能聚焦。這就好比一隻老鷹飛得很高，視野是拉開了，但不見得就能把地面上的動靜看得清清楚楚。那牠是怎麼抓到兔子的呢？首先，牠得鎖定一隻兔子，然後就緊盯著那隻兔子的一舉一動，這樣才能掌握時間和空間的提前量，一把抓住兔子的要害。

聚焦

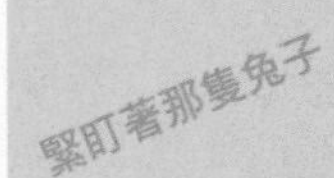

所以，我要求這個弟子把時間訂在六十年內，分析一甲子之內政治體制改革的動態模型和動態變化。

吳：六十年不會太短嗎？

沈：就是要它短。

吳：等於你要他聚焦，緊盯著那隻兔子？

沈：對。比如拿香港來說，這六十年間就一直不斷在調整，把這當中幾次比較大的變動寫出來就行。那麼，只要選三、四個國家做例子，每個國家有一到三次的政治改革就足夠了。重要的是，每一次政治改革都要寫清楚：第一，是什麼力量、什麼原因在推動政治改革的？第二，它的具體內容是什麼？第三，它是運用什麼政治手段實現的？我最感興趣的就是這部分了。第四，再寫上最後的社會效益，也就是最後的成果。

因為時間只聚焦在最近這六十年，所有相關的報刊雜誌還找得到，可以寫得非常豐富多采。雖然談的是很嚴肅的政治體制改革動態模型，但內容上卻可以寫得很生動活潑、扣人心弦，讓人讀起來像看小說一樣。

人類的進化過程

這樣的東西，姑且不說出版的可能性多高，它本身對人類的貢獻就不得了，因為人類的進化過程，很大程度上要靠社會結構的進化。要是社會結構不進化、政治體制不進化，人類自己怎能進化？這三者不但是互動的，更是一個整體。而這整個進化過程要達到圓滿，靠的可不是戰爭或者靠政治家的意氣用事，而是智慧！

引起智者的重視

換句話說，在這整個進化過程中，所有的衝突實際上只是為了引起智者的重視，投入更多的智慧而已，它們本身是沒有意義、也沒有價值的。就好比疼痛，它本身是沒有意義的，它只是為了傳達出一個訊息給大腦：「你要去重視它，要去解決它」。

最後，我告訴那個弟子：「這樣的東西才是國家為政者真正想要讀到，也想要瞭解的東西。」

吳：很棒呀，他寫了沒有？

沈：正在寫呢！

吳：沈老師，你講的這一切實際上就是要我運用來處理我的身體問題，對不對？

沈：對對對！我繞過來繞過去，就是想要繞出個「圓滿」出來。

吳：所以，基本上我就是要把這些年……噢，剛好我今年也六十歲了，該把這六十年來所有的資料整理整理、分析分析啦。

把自己充分進化了

沈：哈哈哈！你呢，是去解決自己的進化問題。當你把自己充分進化了，你的智慧、靈魂和元神也會得到充分進化。到那時候，你就能夠從自己的自身之內看到整個社會、世界和宇宙的問題，如果你能非常妥善地把自身之內這些問題都調理好，那麼實際上你也就具備了去指導整個社會進化的經驗和能力。

智慧覺悟就是佛

吳：沈老師，我能不能問你一個問題？

沈：可以啊。

吳：誰是彌勒佛？

沈：你怎麼會這樣問呢？

吳：**不能問嗎？**

沈：這個問題我不能說。

吳：**要不，我換個問法：「什麼是彌勒佛？」**

什麼是彌勒佛？
現時智慧的流通

沈：彌勒佛就是流通，是現時智慧的流通，既不是往世智慧的流通，也不是以後一世智慧的流通，而是當時和現時的智慧。

吳：**流通是傳播的意思嗎？**

沈：流通和傳播不一樣。傳播感覺上並不是互動的，只是單方面地傳播出去而已。

吳：**像電視台那樣，把訊息散播出去？**

進入人心

沈：對。但流通就不一樣了。它必須全部進入人心，然後通過這些人再進到其他人的心，不斷地在整個人類的大系統中間流通。

提升人類

吳：**那……流通的目的是什麼呢？提升人類嗎？**

沈：對呀。

吳：**你從這個角度來解釋彌勒佛呀？**

沈：這是一個最笨的解釋。

吳：**那麼，佛又是什麼呢？**

沈：呵呵！我們不是談了半天「開心就是佛」？

吳：**對對，我知道開心就是佛，我也覺得這是最棒的解釋，但世間不是這樣解釋呀。**

沈：若要說一般比較規範的解釋，那可以說：智慧覺悟的人就是佛。一個人要做到「智」就很不容易了。而要把人世間的知識積累到圓滿，積累到非常充盈、非常全息的狀態，然後再「化有為無」，把它轉化為「慧」，這又更難了。你說有幾個人真正能做到智？又有幾個人最後能把智轉化為慧？又有什麼人能夠把智和慧融合在一起，變成一個互動的大圓滿整體？

吳：**什麼是大圓滿整體？**

給你圓滿的答案
智慧已經圓滿了

沈：所謂大圓滿整體，就是你無論從哪一個角度去問他，他都會給你圓滿的答案，因為他的智慧已經圓滿了。這樣的智慧不是局限在哪個方面、哪個點，或哪個角度，它沒有角度，沒有點，沒有方面，它是全息的，是圓滿的。所以說要做到智慧，太難太難了。正因為如此，上一次我講三個和尚的智慧故事，你才會覺得有意思，因為它能讓你的智慧一點一點得到提升。這就好比搭電梯，很可能我們現在才正從一樓開始，慢慢往二樓、三樓、四樓上升……而終點可能是一百層樓。但即使升到了一百樓，不見得跟上去的人都能夠真正達到圓滿，很可能你只是聽聽而已、有緣聞道而已，聞道之後還要悟道、行道，最後才能真正得道呢，這中間還有很長很長的過程。

所以，智慧豈是一個簡單的事？智慧都這麼難了，覺悟就更難了，因為覺悟是在自身之內鬧革命，就像你現在這樣。

覺悟是在自身之內鬧革命

吳：**自身之內在鬧革命？這個說法好生動！**

沈：覺悟，等於是在改造自身的過程當中，了悟到如何改造世界的全部整體，所以覺悟更難。而無論是釋迦牟尼還是彌勒佛，祂們都要經過智慧和覺悟這兩個過程。

首先，要做到智慧，對外部世界通透瞭解，達到大圓滿的境界，沒有角度，沒有方向，沒有偏見，是一個全息的智慧，面對任何問題都能給出圓滿的答案。

接下來，第二階段就是必須在自身之內鬧革命，坐在菩提樹下解決自身的問題。通過解決自身的問題，透澈了悟解決人類問題的全部整體，包括解決世界問題和社會問題的全部整體。任何想要成佛的人，都不可避免要從外到內歷經智慧和覺悟這兩個過程。

所以，什麼是佛？智慧覺悟的人就是佛。

而什麼是人呢？還沒有智慧覺悟的佛，就是人。

所以，當我們說佛的時候，其實我們是在說人；

而當我們說人的時候，其實是在說佛。

什麼是人

還沒有智慧覺悟的佛

個體可以是整體，整體也可以是個體

吳：**沈老師，我能不能講一些一般人認為「怪力亂神」的事？**

沈：可以啊。

吳：**實際上我會問彌勒佛是什麼，是有原因的。我認識一些高人，他**

們說現在天界當道的是彌勒佛。我也聽過有些人被認定是彌勒佛的化身，來人世間走這一趟是背負了救世的使命。沈老師，他們說的是真的嗎？這代表什麼意思？這是我的第一個問題。

第二個問題，這些年我也聽說，某某人是彌勒佛、某某人是觀音菩薩，誰誰誰又是關公……而且有不同的人都被認定是某個特定神佛的化身，比如我聽到的彌勒佛化身就有五、六個。這是怎麼回事？是有人搞錯了呢？還是怎麼樣？

沈：其實這也沒什麼，道理很簡單。第一個問題，我剛才不是講了嗎？彌勒佛就是現世智慧的流通。

吳：對，智慧流通的目的是要提升人類，藉著提升人類，達到救世的使命，是這樣嗎？

從「全息」的概念來理解

沈：是啊。至於第二個問題，我們不妨從「全息」的概念來理解。從身體這個小宇宙來看，細胞是身體的小單元，我們身上每一個細胞都擁有身體全部的信息。你看，你身上的每個細胞不是都有你這個人的完整 DNA 嗎？

吳：對，什麼細胞都可以拿來做 DNA 鑑定，頭髮、指甲、皮膚都可以。

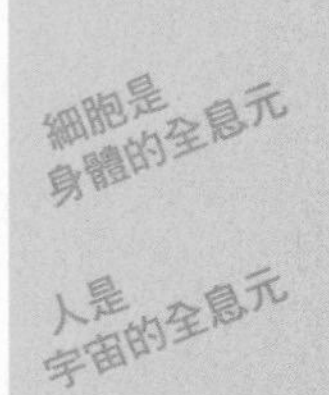

沈：所以我們可以說，細胞是身體的全息元。

那麼，從大宇宙來看，我們每一個人就是宇宙的小單元，我們也有宇宙的全部信息，也就是說，人是宇宙的全息元。

因此，從全息的角度來看，一個單元並不是局部而已，每一個單元實際上仍然是一個整體，擁有整體的所有信息。換句話說，個體可以是整體，整體也可以是一個個體，明白我的意思嗎？

吳：嗯。

沈：好，那麼無論釋迦牟尼也好，彌勒佛也好，祂們都是強大的全息元，當祂們開始要有所行動的時候，相應的就會展開強大的信息場，這時很可能會有好幾個個體比較靈敏地接收到相應的信息。

吳：所以，假設他們說的是對的，那些被認定是彌勒佛化身的人都是彌勒佛的全息元之一？

沈：這個世界本就是一個動態模型，所以你一定不要用「智」去看、用短短一世的人世間經驗去看，這樣是看不透的，你要用一個動態模型的角度去看。

吳：**什麼意思？**

沈：意思是說，它本來就不是一個一個局部，實際上它是一個整體。但是，它又可以隨心所欲變成很多全息元。當這些全息元分開的時候，每一個仍然是一個整體，仍然代表它的全部，儘管它可能只是在某一個位置上做某一件事情。比如說，我們的元神到眼睛上來，它就變成了眼神，雖然它只是負責看、負責觀照，但它是全息的，代表著元神的整體。

不是一個一個局部
它是一個整體

吳：**你意思是說：這整個宇宙的智慧覺悟，實際上也是一個整體？**

沈：對！

吳：**而釋迦牟尼佛也好，彌勒佛也好，也是從這個整體分出來的。**

沈：對對！

吳：**而不是在這個時空、這個當下的一個生命。**

沈：對對對！

吳：**我可以說祂們是從一個整體分出來的角色嗎？有的負責去看，有的負責去聽，有的負責去收集資料？**

沈：你說得對，祂們扮演一個角色，但這個角色也是一個整體。就像你剛剛理解的，這個世界的智慧是一個整體。而這個整體智慧必須進入到每一個細胞裡，就像我們身體裡有無數億個細胞，而天庭的智慧必須進入到每個細胞，這樣每一個細胞才都會變成一個個全息元，然後全身無數億細胞才會真正圓滿起來、和諧起來。要是整體智慧的信息不能順暢地進入到每一個細胞裡，反而會讓不良信息乘虛而入。不良信息和良性信息不一樣，思維模式和行為模式也不一樣，彼此之間自然會產生摩擦、鬥爭。

智慧進入到
每一個細胞

這時候該怎麼辦呢？

這時就必須有一個統一的智慧重新進入到每個細胞裡，也就是重新複製一遍整體智慧的信息。所以，每隔一段時間整體智慧都要重新複製一遍，讓信息全部更新一遍的。如果不更新，積累的時間越長，信息之間的差異就會越來越大，問題也會越來越多。一且矛盾積累得太大，那麼這個世界也就崩潰了。

吳：**噢～～所以，一個世界會崩潰是因為矛盾越來越大造成的，而不是某一個人或某一個事件？**

沈：對。某一個人或者某一個偶然事件，很可能只是一個符號，比如希特勒就只是一個符號。一個世界最終會崩潰，必然是因為自身之內的矛盾積累得越來越多、越來越大，最後達到了崩潰的臨界點。不過，相對的，崩潰的臨界點也是新生或者說新圓滿的開始。它代表著必須更新整體智慧信息的時候到了，一個新時代即將開始的時間到了，因為等信息全部更新一遍以後，和諧又會重新降臨。這種和諧將不只會存在於細胞與細胞之間，就連每一個細胞的內部也會是和諧的。

而在這整個過程中，你一定要記住，每一個細胞都是一個全息元，它不是一個局部、不是孤立存在，它是全息的，它具備了一個人的所有功能，包括吃、包括看。不要以為只有眼睛才會看，不是這樣的。

這就好比說你派遣某些人去當廚師，但不代表這些人就不會打仗了，只不過他們目前的工作是廚師，因此整天煮飯燒菜罷了。同樣的道理，我們手上的細胞也不是只會做手的工作，只是因為它們現在在手上，負責做手的工作而已。明白嗎？

吳：**明白。**

沈：這就是我經常說的：這個世界是圓滿的，是全息的，它不是孤立的，不是局部的。

吳：**所以，實際上每一個人都可以是彌勒佛，對嗎？**

沈：你說得很好。

為什麼我要說：「佛就是智慧覺悟的人，而人是還沒有智慧覺悟的佛。」這裡面是有時間差異的，而時間代表動。

吳：**動？**

沈：意思是說：雖然每個人是一個整體、是一個全息元，但當這個人轉到這兒時，不等於所有人都轉到這兒來了。

吳：**每一個人有他自己的週期？**

矛盾積累得太大

世界也就崩潰

只是一個符號

更新整體智慧信息

和諧又會重新降臨

時間差異

動

沈：對呀。

吳：所以，不能說那個誰誰誰就是彌勒佛，對不對？

沈：你不要這樣絕對地去說，因為一絕對，就執著了，就不是全息思想體系的概念了。

吳：那應該怎麼說呢？

彌勒佛的信息

沈：如果說這個宇宙中有彌勒佛，那麼你身上也必然有彌勒佛的信息。那麼對於那些被認定是彌勒佛化身的人，也只不過代表在這個時期、這個階段他們是彌勒佛，在他們身上彌勒佛的顯性化比其他特質更強，因為我說過，這是一個動態模型，所有人都在動。

吳：等於在無數億人口當中，他們可能是在這個剎那剛剛好走到……

沈：剛剛好轉到彌勒佛的位象上。

吳：噢！所以，不代表以後他還是彌勒佛嘛，對不對？

沈：也不等於五百年後不是。

吳：啊？

沈：也不等於只是某一個特定的人是。

吳：很多人都可以是？

沈：對。如果我們把人體看成是一個世界，那麼當這個世界需要看、需要聽、需要說的時候，元神就從頭頂這兒分開，往前變成眼神；往兩邊一分，變成耳神；往前面下來變成舌神。那麼，當元神分到眼睛上時，是不是眼睛上的細胞就變成神了呢？

吳：唔……應該說，現在眼睛上這個細胞已經轉到神這個位象上了。

沈：對呀。很可能過一段時間，這些元神又重新聚攏，回到了頭頂，當它們完全聚回在一起時，它就是一個圓滿了。以彌勒佛的例子來說，它就是一個彌勒佛了。

也就是說，這些位象它是一個動態模型，可以分，可以合，可以轉，可以動，可以有不同的位象。那麼五百年以後，很可能全部的工作完成了，經歷了各種各樣的過程後，它們又會重新回到一個整體。而只要一到了肉身上的，它們就都是分相……

分相

吳：分相？

沈：比如說，分到眼睛、分到鼻子、分到嘴巴的，這些都是分相。而沒有分到具體的東西裡、或者說肉身裡時，你看到的就是融融合合的一團光，是一個整體。這時候，你的眼神不去看了，耳神也不聽了，本來眼神、耳神都要往外接收的，但回到整體就不需要了。

融融合合的一團光

回到整體

有時候，甚至會出現一種狀態——當分相出去以後，頭頂的元神並不是沒有了，頭頂這兒還有，就好比說彌勒佛吧，祂還在自己本位上，但是祂已經分了好幾個出去，而分出去的也是全息的。如果這時有功力相當的高人，他很可能就會看到而說出：「哎呀，這個人就是彌勒佛」。他說的也沒錯呀，因為分出去的也是全息的。

分出去的也是全息

吳：我理解了。所以，實際上彌勒佛的化身可以有好多個？

沈：也不會很多，出現顯像狀態的不會很多。

■每個人都是佛種子

吳：可是，我聽過好多供奉彌勒佛寺廟的住持都說自己是彌勒佛的化身……

沈：哈哈～～沒有那麼簡單。

許多人可能都是佛種子，但是到底誰能真正地從一顆種子重新還原到圓滿的參天大樹，這就是運命的問題了。

佛種子
參天大樹

吳：等於他們都是彌勒佛的候選人？

沈：對呀。前面我說過，彌勒佛的使命就是在今世、在現世傳播智慧。為什麼特別指明是在今世、在現世呢？

吳：因為以前也有？

沈：對。實際上，這些智慧傳播過不只一次。

智慧傳播過不只一次

在釋迦牟尼的時代就傳播過。那時這些智慧還很鮮活、很生動，只是歷經二千多年後，鮮活、生動的智慧如今成了死的經文。

釋迦牟尼之前也傳播過，因為時間比釋迦牟尼的時代早，因此當時傳播智慧的佛被稱之為「過去佛」。有過去佛，也就有未來佛，未來佛指的就是在釋迦牟尼之後傳播智慧的佛。那麼，能在釋迦牟尼之後的現世傳播智慧的是誰呢？

未來佛

當下、在現世
智慧
必須要更新了

吳：彌勒佛。

沈：對！從另一個角度說，彌勒佛顯現的時候，就代表在當下、在現世，智慧必須要更新了。

吳：噢！

沈：所以到了這時候，會出現很多彌勒佛的佛種子，就看最後哪顆種子能夠很好地、圓滿地成為彌勒佛的感性顯現了。

感性顯現

吳：什麼是感性顯現？

沈：就是體現彌勒佛的功能，真正做到了現時智慧全面性和根本性的更新。而佛種子呢，一灑就是一大把的，每個種子都有冒出來的機會，只是一旦有種子冒出來，陽光、雨露……所有的資源會全部富集給這頭一個冒出頭的種子。

吳：為什麼？

沈：因為本尊還在看著呢！看看自己該把主要的資源給誰。

吳：噢，本尊還在上面沒下來？

沈：本尊不會整個下來，祂會在上面看，看哪個種子能夠冒出來，然後把所有資源富集給他。

資源富集

吳：祂在上面觀察著所有種子的發展？

沈：對。就像釋迦牟尼，祂也是一個種子呀，只不過祂破土、生根、發芽、成長、開花、結果了。祂破土而出的時候，所有的資源也是都富集給祂了，所以祂成為智慧覺悟的感性顯現，成為佛的感性顯現。

破土而出

吳：等於祂是一個在地球的顯現，在三度空間的顯現？

沈：對對對。

吳：我理解了。

沈：所以，不要簡單地以為祂就是全部了。全息元就是種子，種子就是全息元，這些種子正確地說都只是佛的候選人而已。比方說，你被認定是彌勒佛了，而且作為彌勒佛的全息元，你開始破殼、破土……顯現了，那麼資源也就開始往你這兒匯攏。為什麼有人會看見你身上有彌勒佛的圖像，而看不見其他彌勒佛候選人身上有圖像呢？因為他們沒有顯現，而你已經破殼、破土，顯現了，

全息元就是種子
種子就是全息元

明白嗎？

吳：**懂了。我還有個疑問。**

沈：嗯？

吳：**世界上有一些非常厲害、非常有智慧的人，但是他們並沒有被認定是彌勒佛或什麼佛的化身。既然要救世，這麼重大的使命，為什麼不是他們去做呢？我就舉最簡單的例子，比如你和辛老師，你們兩位的智慧和能力都這麼高，為什麼不讓你們去救世呢？**

沈：不能這麼講。你要知道，一個種子破殼以後，它首先會和屬於根處的資源接通。而剛剛我不是說，第一個破殼而出的種子，所有的資源都會向它富集嗎？資源要富集，首先就得有通道才行呀。而你說的那些有智慧的人，他們扮演的就是通道的角色。

有通道

吳：**你意思是說，被認定是彌勒佛的人，他身邊必然會有高智慧的人，當作他的通道？**

沈：對，首先是根部的通道，把根部的資源接通。但是，光接通根處的資源還不夠，還要接通來自於宇宙的資源。

吳：**噢，所以被認定的人身邊會有一些高人來幫助他們？**

沈：是啊，所謂的高人經常是扮演通道的角色。假定你是彌勒佛，通過這些通道，你就可以接收資源。接收了資源，你才好去傳播，是吧？

吳：**但為什麼不是高人直接去傳播呢？**

沈：一樣呀，智慧是全息的，是整體的，你不要有分別。

吳：**哦～～我理解了，所謂彌勒佛的化身，也只是一個擴音器，透過這個人去傳播智慧？**

沈：對。比如說，這條河流過這個區域時稱作「瀾滄江」，流過那個區域時叫「長江」，流過其他區域又有別的稱呼，儘管有這麼多名字，但其實它不是什麼江，也不是什麼河，只是名什麼江、名什麼河。

吳：**它只是水。**

沈：對！你能夠沒有分別，這是最好的。

吳：**等於宇宙的智慧要傳播給每一個人，就像身體的營養要傳送到身**

上無數億個細胞，只是個人的生命跟身上的細胞是有輪迴的，是有時間週期的，所以得借用彌勒佛化身，他呢就像是個淋浴的蓮蓬頭一樣，能把智慧之水噴灑給所有的種子，是不是這個意思？

智慧之水
開始流動

沈：可以這麼想。但最重要的是，你要把它看成是沒有分別的，既不是長江，也不是瀾滄江或金沙江，而是這個智慧之水在人類當中開始流動起來而已。

吳：只要智慧一傳播出去，一流動起來，也等於每一個人都在做傳播智慧的工作，對不對？

沈：是可以這麼看。其實，每個人本身就都是同樣的全息元，同樣的種子。

吳：所以被認定是彌勒佛的人，他在這一世做智慧流通的工作，實際上就是要把未成佛的那些人全部變成佛，對嗎？

沈：你越說越到位了！你要知道，達不到圓滿的時候，人就會始終被釘死在人間，因為他的能量不夠，他必須不停地輪迴，不停地轉世，他不可能到達我們說的「香格里拉」。

香格里拉
場態空間
物態空間

香格里拉不是一個三度空間的存在，它是一個場態空間，不是物態空間。那麼，你如果帶著物態空間的肉身，是到不了場態空間的。換句話說，你不可能帶著肉身的污垢去到香格里拉，除非你所有一切暢通了，你的能量在這裡圓滿了，你不需要肉身，也不需要輪迴，這時候你才有可能進到香格里拉這樣一個場態空間。

吳：沈老師，你今天講的很深，但是很精采！尤其全息的概念，應該對很多人都有啟發，不管各行各業，包括完全沒有特異功能經驗的人。我在想，說不定科技業的人可以利用全息概念，發展出一套新東西。

各取所需

沈：每個人可以依照自己的生命經驗各取所需，我不會有分別的。

吳：太好了！

沈：今天就到這裡吧！

吳：好的，謝謝沈老師。

2004年2月2日 # 第十回

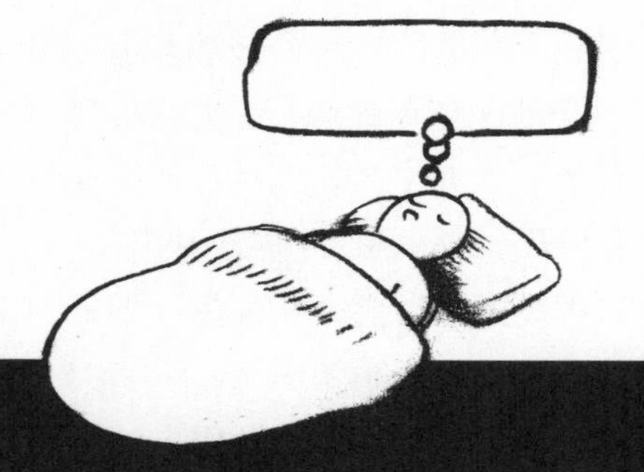

■ 捨九守一、大圓滿

吳：沈老師，昨天你不是提到香格里拉是個場態空間嗎？

沈：對呀。

吳：你說物態空間是指看得見的物質世界，也就是我們現在生活的實體空間，那場態空間呢？能不能講得再清楚一點？

場態空間
另一個維度

沈：場態空間就是另一個維度的世界。

場，它是有頻譜的。比方說打手機，你打手機給別人時，實際上並沒有一個物質的線連過去，對吧？

吳：對。

看不見，也摸不著

沈：手機連線靠的是波的形式，這就是一種場的形式。雖然場你看不見，也摸不著，但它仍是一種存在。這種存在可以攜帶全信息，所以透過手機，不論是講話或者傳送圖片、文字，都可以全信息地傳遞。

吳：你意思是說，在物質世界裡也有場態的東西？

電磁波
就是一種場態

沈：當然啊，像電磁波就是一種場態，另外，光也是，它是全頻譜的，不同的光有不同的頻譜。

而昨天我說的香格里拉，指的是另外一個維度的存在，包括靈的世界。它是場態的，具有攜帶全信息的能力，所以擁有全部的信息，也就是整體的智慧。

人世間則是物質世界，也就是物態空間。人，有一具肉身，肉身是完全物態的，是會被地心引力給吸引在地表上的，而場態不是這樣子，它不受地心引力的影響。

不受
地心引力的影響

吳：可是，物態空間又有場態的存在……那物態和場態的關係是……

針灸的例子

沈：我就用針灸的例子來說明好了。

針灸時用的雖然是物態的一根針，但是真正作用的卻是場態。

吳：是用針去撥動磁場嗎？

沈：應該說是用針去加強磁場。

針灸的真正原理，很多人都不太瞭解，即使瞭解，也始終停留在表層。你要知道，所有事物一旦落在表層，每個人都可能從不同角度看到不同的表象，於是你看到的和我看到的不一樣，爭論也就永遠存在。實際上，如果能從表層深入到核心，真相也就大白了。

那麼，針灸能用來治病的根本原因是什麼呢？

就在於它能從人體的場態輸運系統下手。

從人體的場態輸運系統下手

■人體的物流系統也有物態和場態之分

吳：輸運系統？

沈：其實也就是物流系統。人體的物流系統有兩種，一種是場態的，一種是物態的。

物態的物流系統指的是液壓系統。在物態的物流系統中，液壓系統可以說是最有效率的。實際上，人類很多工業控制系統，都是靠液壓來完成的。

液壓系統

吳：液壓？靠液體的壓力來輸運？

沈：對，像血液系統就是一種液壓系統。

你看，人體內的血管星羅棋布，遍及全身，說它有十萬八千里都不為過。但是它在一次心跳之間，一個滴答之間，就能從主動脈、靜脈到微血管，完成一趟物流來回。

想想看，要是人類的城市也有這樣的液壓系統，那無論想到哪裡，還不是輕鬆自如的事嗎？不但效率高，還幾乎沒有污染。

吳：那為什麼人類社會發展不出這麼有效率的液壓系統？

沈：因為人體的進化已經歷經無數億年，可以說是一個充分優化的空間了。而人類社會，它的發展過程至多幾萬年，比起人體的系統來說，差距還是很遠很遠的。

不過，人類社會始終是追隨著、模仿著人體系統的進程一直在發展的。

吳：噢？

沈：比如說，人類社會創造了網際網路，逐漸使每一個人都成為全息元，能夠輕鬆獲得所有信息。

網際網路

又比如說，人類社會形成了聯合國組織。聯合國也是從很小的點開始的，慢慢地變得越來越大，最後才形成類似大腦般有指揮能力的機構，可以出動國際刑警、維和部隊等等。

吳：**這就是昨天講的全息概念，對不對？人體這個小宇宙，和外在的大宇宙其實是一樣的，只不過它們有各自的週期，有自己發展的時間表。**

沈：非常對！那麼，等到人類社會也發展出像大腦這樣的總指揮機構時，這個世界才會變得和諧而統一。不過，現在還不是如此，人類社會現在的大腦還沒有發展好，各個局部都擁有自己的軍隊，而且局部就可以指揮軍隊，於是形成哪個局部武力強大，哪個就占上風的局面。拿到人體系統上來說的話，這就好比胳膊這時候最強大，它就可以隨意打腦袋、打大腿、打肚子，想打誰就打誰，大腦根本管不了它。

不過總的來說，外化的世界、外化的社會，是會不斷地進化，不斷地模仿已經充分優化的內化世界。

吳：**為什麼一定是外在世界模仿內在世界呢？**

沈：因為個體越小，週期越短呀！

你看，一個輪子如果非常小，一下子就轉一圈了。如果輪子像房子一般大，那它得花很長時間才能轉完一圈。

吳：**你的意思是：因為人體個體小，所以發展快，而人類社會個體大，所以發展慢？**

沈：對！那麼，人體的這兩種物流系統呢，液壓系統雖然已經很有效率了，可以瞬間就讓物資奔流到身體的每一個角落，但是它還只能算是粗淺的物流系統，人體裡還有更高級、更深層次的物流系統……

吳：**是場態系統？**

場態系統

沈：對，是場態系統。場態系統可以輸運物態系統無法輸運的東西，比如說氧氣。人體的能量有百分之八十七都來自於氧，只有百分之十三來自於食物，所以一個人不吃飯，還可以頂個一星期，但如果不呼吸，沒有了氧氣，一分鐘都堅持不了。由此可見，氧對人體能量供給的重要性，以及人體需求氧的迫切性了，那是每分每秒都不可或缺的。

吳：等於物態的物流系統來不及運送的，必須透過場態的物流系統？

沈：沒錯！

而氧是怎麼轉化成為能量的呢？關鍵就在於細胞裡的粒線體。人體的每一個細胞裡都有七、八十個粒線體，而每一個粒線體就像一個小小的能量加工廠，一旦氧進入細胞，粒線體就會把氧轉化成能量，供給細胞使用。正因為有這麼龐大的能量加工廠支援，細胞才能源源不斷獲得能量，配合大腦的指令去執行各種任務。

粒線體

能量加工廠

吳：哦～～所以中風時醫生說病人腦部缺氧，是不是就是因為氧不夠了，不夠去轉化出能量，提供給身體執行大腦的指令了？

沈：還沒有這麼簡單。

你想想，血液並沒有直接伸到細胞裡，即使是微血管也沒有，那麼，血液是怎麼把氧送進細胞裡的呢？

吳：不是場態運輸系統嗎？

沈：那麼，場態運輸系統又靠什麼和血液相互流通呢？

吳：哦？這中間還有別的東西在作用？

沈：對，那個東西就是血液裡的鐵原子。

為什麼醫生總說人體必須有鐵？為什麼說人體要是缺少鐵會出現問題？就是因為鐵原子可以攜帶氧氣。

鐵原子的構造很特別，它裡面有空穴，剛好可以讓它像艘小船一樣，輕輕鬆鬆承載著氧原子沿著磁力線運行。當鐵原子沿著磁力線運行而進入的時候，氧原子也就順道進到細胞裡了。

鐵原子

攜帶氧氣

磁力線

吳：所以，所謂的場態運輸就是指藉著磁力線的作用，鐵原子把氧帶進了細胞裡，對不對？

沈：沒錯。

■針灸的奧妙在於加強磁力線作用

吳：可是，沈老師，這又跟針灸有什麼關係？你不是在講針灸和場態系統的關係嗎？

沈：有關係呀。實際上，每一個穴位周圍都有像線圈一樣的生物電流

生物電流

。當生物電流沿著線圈流動的時候，周圍就會形成一圈一圈的磁力線。鐵原子受到這些磁性的控制，就會不斷地沿著磁力線旋轉，也不斷地把氧氣送進細胞裡。而這種場態物流方式，可以說比起靠液壓運行的物態系統更加地節約能量。

插進一根鐵針

好，現在如果我們在這一圈圈的磁力線中間插進一根鐵針，那麼在針一扎進去的瞬間，磁力線的作用就會突然增強，甚至增強好幾倍！

吳：**哦！**

磁力線增強了

沈：磁力線增強了，場態系統也跟著更加迅速地把氧輸送到每一個細胞裡，於是細胞獲得能量的效率也瞬間增強了。能量一得到加強，那無論這個地方發生什麼問題，也就很快能修補或解決。

吳：**所以，針灸是強化了穴位的生物電流功能，讓細胞的能量系統得到加強？**

沈：對。它強化了輸運氧氣的物流系統，讓周圍每一個細胞能獲得更多的能量。細胞有了更多能量，也就有能力去解決更多問題。

也就是說，當你把針扎進穴位裡的時候，周邊的整個輸運系統、供氧系統，都會得到改善。如果同時扎的是好幾針，這幾個點連成一個面，就成了一個整體、一個系統，而且到了一定程度，電極和電極之間還會發生質的跳變，使得全身的能量系統徹底得到改善。我說的這些，實際上都可以用模型清清楚楚地展現出來。所以，在我看來，長久以來大家爭論不休的針灸奧祕，其實是最最平淡、最最沒有奧祕的物理學事實，客觀的事實。重要的是，同樣的道理還可以運用到人類社會這個外在系統上，比如說城市的改造和建設、甚至經濟的重組和建構。

吳：**可是，我曾經聽一位很厲害的氣功老師說過，針灸會把氣放掉，所以他不讓徒弟們針灸。**

沈：針灸既然能補充能量，當然也有可能會吸掉能量。如果針灸針得不好……

吳：**就會吸掉能量？**

沈：什麼情況都可能發生。所以一般練功的人，通常是靠自己練功去增強自身的生物電流和物流系統來供應氧，而不是靠針灸。像我自己，我就從來不針灸。反過來，我倒是會給別人針灸，只是從來不用針。

從來不用針

吳：**不用針？那用什麼針灸？**

沈：應該是說我不用實際的針、物態的針，我用的是場態的針。

場態的針

吳：**也有場態的針啊？**

沈：當然。有一次，我有一位朋友的丈夫從美國回來，不知道為什麼，一身都是毒，臉上黑黑的，整個狀態特別不好。而且非常奇怪的是，他在美國還可以這樣維持著，但是一到大陸就不行了，身體狀況壞得不得了。他們來找我幫忙，當時我就用場態的針扎在他的合谷穴上。一扎進去，他就開始出汗，扎完以後，他還在不停地出汗，一個晚上溼了好幾床被子，但一到第二天，他的精神馬上好轉了。

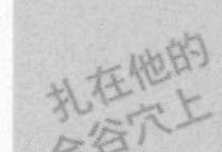

吳：**所以在穴位上針灸可以補充能量，也可以洩掉能量，就看你怎麼用？補好的能量，洩不好的能量。**

沈：對對。

吳：**那為什麼我打坐時，穴位有時候會突然破開個洞、流血？**

沈：你的情況比較特殊，畢竟你曾經經歷九死一生的過程。

吳：**對，我真的好幾次差點死了。**

沈：你這是個案，不能當成普遍現象看待。

吳：**所以，別人不會像我這樣，穴位破洞、流血？**

沈：不會。穴位又不是拿來流血用的。

吳：**是用來針灸的……**

沈：也不是為了針灸的，穴位其實就是個物流系統，是為了讓氧原子能夠每分每秒、源源不斷地輸送到每個細胞裡。細胞只要短時間

穴位其實就是個物流系統

得不到氧氣，它就死了，包括腦細胞也一樣，所以這個供氧的物流系統對人體來說，是最最重要的。也正因為這個供氧的物流系統是建立在物理學和生物學的真實基礎上，針灸才會有非常重要而且積極的意義，才會有療效。

吳：我還以為穴位會流血是練功練到一個程度造成的。

天用

沈：不是，像你這種情況，歷經了九死一生的，我們一般叫「天用」，就是老天要用你，讓你留下來。但是你身體這個房子實在有太多問題了，所以你必須通過整體系統慢慢處理。怎麼處理呢？第一，是要從長遠的角度思考怎麼去調理，讓身體的狀況越來越好。第二，在調理過程中，你還要有許多應急的方法，因為你的身體問題比較嚴重。

靠自己

但是最重要的還是要靠你自己。就像我經常說的，靠外來的雇用軍是沒有用的。為什麼辛老師不喜歡你吃藥，因為藥就是雇用軍，你一定要靠自己重建出一個好的模式。比如說，利用我跟你說過的信息論、控制論，每天晚上多讚揚全身的每一個細胞……

吳：要感謝它們的付出。

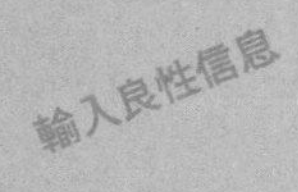

沈：對，感謝它們，而且還要鼓勵它們，不停地輸入良性信息，號召全身無數億個細胞動員起來，重建家園。

吳：等於每天晚上給它們精神喊話。

沈：對。人體之內早就是網際網路了，早就是全息的了，透過讚揚、鼓勵，你身上的每個細胞能聽到，每個子民都能感受到上天的鼓勵而振奮起來。對它們來說，你就是天庭裡的上天，你的旨令就是神的旨意。這一點非常非常重要的。

吳：照這麼說，我的穴位流血算是身體的一種應急措施？

沈：對。

吳：就像排毒那樣？

沈：對對。其實呀，這跟流放的概念是一樣的。

流放

吳：流放？

沈：是呀。你看，以前歷朝歷代每當捉到威脅社會秩序的壞分子都怎麼處理？流放到邊境去！

人體之內也是這樣子，一旦出現了威脅生命、健康的壞分子，首先就是把它們流放到邊緣地區去。但是壞分子在邊緣地區如果太多了……

吳：**會在那裡搗蛋。**

沈：對，很可能會造反。造反的話，就不得了了，那最後只好把它們驅逐出境了。

人體之內也一樣，它也是一個完整的社會，也會有類似的一系列行政手段。比如說，人體之內也有監獄。

人體之內也有監獄

吳：**監獄？在哪裡？**

沈：淋巴就是人體的監獄。如果壞分子一時處理不了，就先關在監獄裡。所以，要是一個人淋巴腫了，這說明監獄爆滿了，通常就是身體要出問題了。要是腫的是鎖骨淋巴，代表整個人體社會出大問題了，這個人差不多要得癌症了。

淋巴

吳：**為什麼？**

沈：因為他的免疫系統被收買了。他身體裡的武警、軍隊、法官，在面對癌細胞這樣的壞分子時根本不去處理，反而放任癌細胞把身體裡的能量據為己有。人類社會裡要是有勢力這麼大的黑道組織，既搶占了社會的大部分資源，又賄賂住了警察、法官，讓他們對黑道組織的行為視而不見，你說這個社會能夠不毀滅嗎？

免疫系統被收買了

吳：**把身體當成一個社會來看待，道理果然是相通的。**

沈：當然。

吳：**還好，我身體裡的壞分子是被流放出去了。**

沈：哈哈！

守住「一」，也就守住了「正道」

吳：**講了這麼多，好像還沒談到今天的主題？**

沈：是呀，今天我預定是要談一談「守一之道」的。

守一之道

吳：**守一之道？我記得之前談過的「積九飛十」好像就是守一之道裡的一個？**

沈：沒錯，積九飛十是守一之道的第三層心法。今天我想從第一層心

從第一層心法談起

法談起。

吳：好。

沈：我們常說「正道、正道」，但什麼是正道呢？

什麼是正道？

你看「正」這個字，上面是個「一」，下面是個「止」，所以「守一而止」就是正，能守住一，也就守住了正道。換句話說，所謂守一之道，就是通過透澈地瞭解一，而去瞭解萬事萬物；相對的，也通過瞭解萬事萬物，透澈地去瞭解一。

通過一去瞭解萬事萬物

吳：**什麼意思？**

什麼叫通過一去瞭解萬事萬物，通過萬事萬物去瞭解一呢？

沈：就像我們前面才講過人體和社會的全息論，不就是通過人體，進一步延伸到人類社會，甚至大宇宙嗎？好比說針灸吧，實際上它還不只我剛剛講的物流系統那麼簡單，因為穴位是會隨著八大行星的運行而改變的。也就是說，人體不是孤立的，人體和人類社會不是隔離的，人類和宇宙也不是隔離的。

人體和社會的全息論

人體不是孤立的

吳：**所以瞭解人體的這個一，也就能瞭解人類社會、瞭解宇宙萬物。**

沈：沒錯。同樣的道理，你守住了一，透澈瞭解了一，也就能觸類旁通把它應用到任何一件事上、萬事萬物上。這就是守一之道。明白我的意思嗎？

觸類旁通

吳：**明白。**

■捨九守一，先捨才有得

沈：好，那麼我就來說說守一之道的第一層心法。

守一之道的第一層心法是入門的第一層心法，叫作「捨九守一」。這裡的「九」，並不是指確切的數字，而是形容數量龐大、紛亂，多得數不清。這個心法的根本就在「捨」字上，而要捨的是什麼呢？就是那多得數不清、存在卻又不是絕對必要的選擇。

第一層心法：捨九守一

吳：**什麼意思？**

沈：仔細觀照一個人的一生，你就會發現很多人一生都處在自我掙扎、自我矛盾的選擇困境中。

選擇困境

吳：**選擇困境？**

沈：就是說，面對該做出選擇的時候，他不知道該去做什麼、不去做什麼，也不知道該要什麼、不要什麼，總之他不知道該選擇什麼，因為各種各樣的選擇各有各的道理、各有各的優勢，於是各種各樣的念想從四面八方緊緊包圍住他，他被困在這些選擇裡，長時間處在因選擇而造成的自我矛盾、自我掙扎中。

不知道該選擇什麼

而且，這樣的困境並不是過去了就沒有了，而是等到這個選擇困境過去了，第二個選擇的困境又來了，不但事事要選擇，而且很可能每一件事情都是不容易做出選擇的。這種因選擇困境而帶來的矛盾、衝突、煎熬、自我掙扎，很可能會消耗掉一個人一生的熱情和精力。

自我矛盾 自我掙扎

很多人終其一生都沒能做出過一個真正的、透澈的選擇，完完全全地實現自我，瀟瀟灑灑地走出一步，乾乾淨淨地站起來，到了生命盡頭的最後一刻，所有絆著他的、牽著他的、拖累著他的還是掛在他的身上，永遠也沒能真正的放下。

吳：所以，這第一層心法是教會我們怎麼選擇？

教會我們怎麼選擇

沈：對。一個人如果長時間處在選擇的困境、選擇的疑惑裡，消耗的不只是時間和精力，你的熱情、你的創造力、你對生活的信念和信心，甚至年輕時的理想和目標也會一一打落在地，被層層疊疊的野草掩埋，最後你會看不到自己、看不清環境，不知道目標在哪裡，不知道腳該從哪個地方紮紮實實地踩下去。

而守一之道的這第一層心法——捨九守一，就是教你真正放下所有的自我掙扎、自我矛盾，然後非常灑脫、非常乾淨利索地直接走向心中認知的那個最重要目標。

真正放下 直接走向最重要的目標

吳：那捨九守一要怎麼用呢？

沈：我們常說「捨得、捨得」，表面上看起來是先要捨，然後才得，其實不是。心法是辯證的，應該要是從對面切入。你想要「捨」，就必須先「得」，要先理清楚自己絕對不能捨的到底是什麼，否則你連捨的資本都沒有。也就是說，你要先把自己所有想「得」的整理出來，然後再一個一個捨，這就是捨九，捨掉那龐大的、數不清的，一直捨到最後一個你無論如何都不能捨的為止，這

想要捨 就必須先得

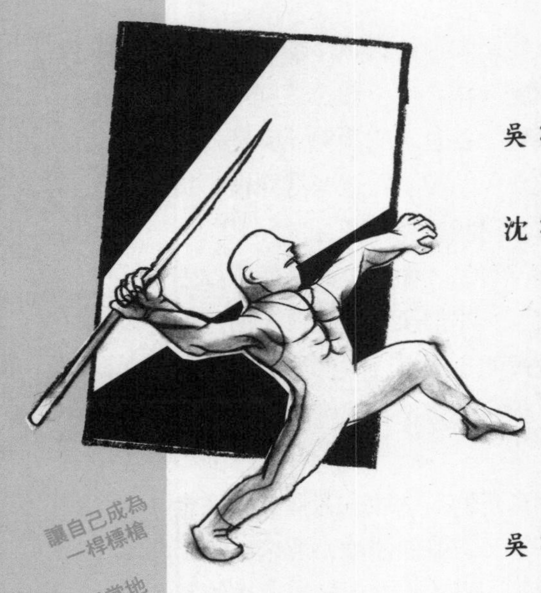

個絕對不能捨的，就是你最重要的目標，也就是要守的那個「一」。

吳：**等於你最不能捨的那個東西，就是你的目標，就是要守的那個「一」？**

沈：對。當你找到了目標，那麼所有和它不相關的、矛盾的、衝突的，你想都不用想，立刻把它們全部放下，直奔向你的目標去。你把自己所有的枝叉都砍掉，砍得乾乾淨淨，讓自己成為一桿標槍，這樣才能直截了當地命中目標。

讓自己成為一桿標槍

吳：**枝叉是指那些跟目標不相干的、矛盾衝突的事情嗎？**

直截了當地命中目標

沈：對，成為一根標槍，你才能夠輕鬆命中目標。要不然，你連枝帶葉的、扛著整棵樹射向目標，就算用再大的力氣，也難以射中。

一個人如果能做到把自己變成一根標槍，直接射向目標，這已經是很了不起了，也很少有人能夠超越他了，因為別人還拖泥帶水地在矛盾、衝突、掙扎中耗費精力，而他沒有。他就像一輛沒有任何內耗、連聲音都沒有的汽車，不會因摩擦而損耗，能迅速、直截了當地開上路。他的方向盤把握在自己手裡，又很清楚自己要去哪裡，其他人怎麼和他比？

方向盤把握在自己手裡

吳：**因為他把所有力氣都用來專注做一件事上了，是不是這個道理？**

沈：可以這麼說。世界上之所以成功的人少，難道是因為其他人都很笨嗎？不是的。

要知道，一個人的生命是有限的，能量也是有限的，所以一定要把能量集中運用，捨棄所有不相關的，只用在「一」，如此能量才會產生具體作用。如果把能量分散到每一個分枝上，分散成了一個面，而不是凝聚在一個點上，那麼很可能最後的結果只是一事無成。

把能量集中運用

我們就說畫家吧。歷史上真正成功的畫家，無論是過去的還是現代的，哪個不是把自己所有生命能量集中到一個點上發揮的？你看徐悲鴻畫馬、齊白石畫蝦、黃冑畫毛驢、陳大羽畫雞、袁曉岑畫孔雀、鄭板橋畫竹子……但凡在歷史上具有穿透力的畫家，絕對都是死死抓住一個點，做到能量守一。如果他不把能量集中到一個點上去穿透，無論他有多大才華，想在歷史上留名都很難。想想看，徐悲鴻如果不專注地畫馬，歷史上還會不會有這號人物？黃冑如果沒有他的毛驢，鄭板橋如果沒有他的竹子，齊白石如果沒有專注地畫蝦，他們會不會各自奠定泰斗式的地位？

能量守一

選出一個點，投注你全部的生命能量

吳：可是，沈老師，要是一個人不知道自己要做什麼、找不到生命的目標呢？那怎麼辦？

沈：記住，要從對面切入，想理清楚你要得的是什麼，就必須知道你絕對不能捨的是什麼。

從對面切入

吳：所以，首先要做的是知道自己絕對不能捨的是什麼。

沈：對。你想知道自己要得的是什麼，就該去衡量哪樣是你絕對不能捨的，這樣才能真正得到你想要的。一個人想得到的東西有時候太多太多了，想要金錢、想要地位，想要這想要那，越想越多，所以這時候反而要用「捨」去衡量，看看哪樣是絕對不能捨的。這是第一。

絕對不能捨的

第二，不要以為捨得之道只用在選擇人生目標這樣的大事上，它可以運用在每一件事情上，包括每一個空間、每一個時間、每一個層面，因為即使是很小的事也需要判斷和衡量。如果你不懂得捨得之道，不僅不時要浪費很多心力在選擇的掙扎上，而且掙扎的往往不是什麼重要大事，反而是每天每時每分每秒只在細枝末節上浪費心力。

捨得之道
運用在
每一件事情上

吳：我最近就碰上這麼一個選擇的難題，可不可以順便問問？

沈：好呀。

吳：我們公司缺一個懂兒童心理的編輯，剛好之前有一位學兒童心理的學生來實習，他很用功，想當編輯的企圖心也很強，主編很喜

歡他，就答應讓他進公司來當編輯了。但是，我看過他寫的文章，一塌糊塗呀。要是以我的判斷，我是不會要他的。

沈：是北京這裡的編輯部？

吳：對。有關兒童書籍的部分，我是答應交給主編去負責的，但我覺得那個人不夠聰明、不夠好，我很清楚：我要的編輯必須是特優秀的編輯，這樣才能組成我心目中最好的編輯部。如果今天我讓步了，他進了編輯部，對現在的編輯部是會有不好影響的，而現在的編輯部我是很滿意的。可要是我不讓步，他們現在又確實缺個懂兒童心理的編輯，而且主編又開口說錄用他了……你看，在這件事上，我就沒辦法很簡單地捨出個結果來。

沈：編輯兒童書籍的事務你交給主編去負責了，那人事呢？你還是要親自過問的吧？

吳：我還是要把關的。

沈：那麼，第一，你是有條件親自過問人事的，而眼下主編又沒能完全能夠知人善任……

吳：現在的確處於這樣的情況。

沈：那麼，第二，在這種情況下，你又很清楚你要建立的是最好的編輯部。

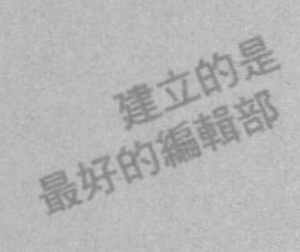

吳：對，這個目標很明確，我很清楚知道這是最重要的，也是我最不能捨棄的，但是……

沈：那麼，不就很清楚了，一個好的編輯部是你絕對不能捨的。

吳：是這樣沒錯。

沈：如果是這樣子的話，所有和它相衝突的，你就不用考慮，放下就好。你一定要弄清楚哪一樣是你絕對不能捨的，否則每一件事情都是有衝突、都是有矛盾的，每一件事情你都要去掙扎，都要翻來覆去來回地想，這樣子內耗太大了，這樣子做人不累呀？

吳：所以，在建立一個好的編輯部的前提下，任何不夠格的人，我考慮都不用考慮？

沈：考慮都不用考慮。既然好的編輯部是你絕對不能捨的，那麼所有和它衝突矛盾的，你想都不用想，腦筋都不用動就放下，不要浪費你一丁點的腦細胞去製造困境，不要在腦袋裡產生衝突、矛盾、掙扎，這才是金剛智慧！

金剛智慧

金剛智慧是沒有矛盾、沒有雜質、絕對透澈的。

吳：**也不用考慮人情？**

沈：全部放下！

吳：**連主編已經答應錄用他了，也不用考慮嗎？**

沈：不用。

吳：**會不會讓主編覺得我太干涉他了？讓他覺得很尷尬？畢竟我把兒童書籍的事交給他負責了……**

沈：人情的問題，以後你有的是時間和千百個方法可以去解決。

吳：**嗯……**

沈：守一之道這個入門心法——捨九守一，它的重點就是你一定要理清楚：什麼東西是你在這個時間點或這件事情上絕對不能捨的，剩下的只要和它有衝突的，想都不想就放下。至於放下之後的問題，你有的是時間去調理。

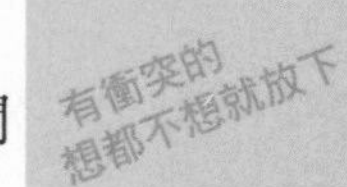

你想想，這個人要是進來了，編輯部出了問題，你天天都要去調理、天天都要去解決；這個人要是不進來，你的編輯部還是維持你想要的樣子，只是主編有點不高興，而這個不高興很可能在下一分鐘、用另一件事就化解了。

吳：**OK，我理解了。**

沈：其實呀，像你這樣很清楚、明確知道自己要的是什麼的人少之又少。

吳：**真的啊？**

沈：在概率上是極少的。

絕大部分的人都是隨機的，不可能天生就知道守一之道這層入門心法。你也不見得就懂得捨得之道，只不過你的根器不同，很可能一路上始終有人在引導你，表面上看起來好像都是偶然，實際上是必然把你框到你該走的路上去。

吳：**真的是這樣子。我覺得自己就只會做出版這件事，所以我也只有這條路可以走，不像我身邊的朋友們，好多人都聰明得不得了，**

個個都像天才，做什麼都行，他們有很多路可以選。

沈：其實像前面我們提到的畫畫這件事，你到美術學院去看看，那麼多才俊之士，無論根底、靈性、修養，哪個不具備？可是，他們卻都不成功，為什麼呢？因為他們找不到一個點，他們什麼都可以畫，但就是找不到那個可以讓他們付諸所有生命能量、投注所有生命能量的點。

吳：所以，一個人還是應該有自己真正特別愛的東西才行。

沈：我舉個例子給你聽。

吳：好。

沈：我有一個朋友就是個畫畫的。他在畫畫上特別特別的發憤用功，用功到什麼程度呢？他不太吃飯，也不怎麼睡覺，爐子上呢，始終放著一個鍋在那兒燉羊肉，餓了就舀碗羊肉湯出來，然後泡個饃，就吃了，整天就這樣子。除了吃飯、睡覺，其他時間都用來畫畫，實在太發憤太發憤了。

可是，直到他快五十歲，他也不知道自己想畫什麼。

想畫什麼

吳：啊？

沈：他什麼都畫，可是就是找不到自己想畫的是什麼。知道我說的是什麼意思嗎？

吳：他找不到那個點。

沈：對，他找不到那個點，所以他也不可能突破、成功。

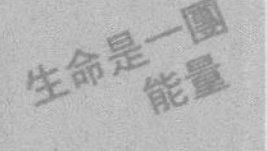

人的生命是一個能量團，如果你把這個能量團攤成了一張餅、一個面，然後拿這張餅、這個面往牆上打，那麼無論你怎麼使勁打，也突破不了那面牆。除非，你把你的能量團縮成一個點，變成一個釘子！那麼，只要輕輕一敲，釘子就敲進去，突破牆面了。

後來，這位畫畫的朋友來找我，問我怎麼辦。

選一個點

我跟他說：「你選一個點吧！」

他問：「什麼點？」

我說：「你看，所有成功的畫家都是有一個點的，他們會把自己全部的生命能量都投注在這個點上。他們並不是靠自己的才華超過全世界，而是靠自己在這個點上所下的功夫超過了這個世界上古往今來的所有人。在這個點上，沒有任何人能和他比！」

吳：等於說在大家才華都差不多的情況下，知道自己要畫什麼跟不知道自己要畫什麼就成了關鍵。

沈：對呀，選點太重要太重要了。

他聽我這麼說也明白了，知道自己這五十年之所以一事無成，就是因為始終沒把生命能量聚焦在一個點上。

聚焦在一個點上

好，現在他開始要選點了，可是點也不能亂選呀，怎麼選也很重要。比如說，選畫蘑菇，這不太合適吧？又比如說，選畫馬也不合適，因為已經有個徐悲鴻在那裡頂著了。畫竹子也不合適，鄭板橋幾百年的盛名壓在那裡。也不能選畫蝦子，齊白石的名氣始終霸在第一位。選來選去，他選擇畫獅子。

畫獅子

吳：獅子沒人畫？

沈：獅子也有很多人畫過，但並沒有哪個人能畫出代表作。

吳：哦！

沈：他本來就有深厚的基礎，選擇畫獅子之後，他就從早到晚畫獅子，一天畫十個獅子，十天畫一百個獅子，一百天就畫出一千個獅子了。一年多後，他就在省城裡闖出了名堂，三年後，他開了個展覽，以一萬頭醒獅震撼了全場！

一萬頭醒獅

吳：哇，這麼厲害！

沈：也就是說，你可能五十年都一事無成，但一旦你懂得了捨得之道，你就能百分之一百的突破，不突破才奇怪了，這時候要成功太正常太正常了。而且，捨得之道的心法不只能用在空間上的選擇，也能用在時間的選擇上。

吳：時間的選擇？

沈：對。金庸的小說裡有段情節就很能體現這種時間的取捨精神。《笑傲江湖》裡有一段描述令狐沖受了重傷，任盈盈用馬車載著他躲避各大門派的追擊，到了晚上任盈盈把馬車藏在長草後休息。寂靜的黑夜裡，遠處突然有馬蹄聲靠近，拉馬車的馬被驚動，脖子才一仰，任盈盈立刻拔劍把馬的頭砍了下來。

吳：**啊？為什麼？**

沈：馬一仰頭，就是要出聲了。

吳：**對對。**

沈：馬一旦叫出聲就來不及了。你想，在這一瞬間最重要的是什麼？

吳：**不能被追兵發現。**

沈：對，所以馬才一仰頭，任盈盈就把馬的頭砍下來了。至於過後要怎麼找馬來拉車，那是另外的事。也就是在這一瞬間，令狐沖覺得自已遠不如任盈盈拿得起、放得下，遠不如她能捨能得。

把馬的頭砍下來了

而這種對時間取捨的掌握，需要長期用守一之道捨得心法去訓練。聞道只是有緣，就像看到這本書的人就已經是有緣。有緣聞道了，知道了，只是知道成功離自己不遠，但想要得道，想要成功，你還得依道而行去練習。

能捨能得

聞道只是有緣

依道而行去練習

吳：**在每一件事上、每一個時間點，按照捨得之道的「捨九守一」這個心法去做。**

沈：對。去做、去練習，直到它變成你的本能為止，這樣你才能乾淨利索、了無罣礙地拿得起放得下，變成真正灑脫的、乾淨的、沒有自我掙扎、沒有自我矛盾的人。

變成你的本能

一個塵埃的有序運動帶動了大圓滿

沈：你聽我說得越多，很可能就會發現我把道理講得特別簡單，都是一些大白話。

吳：**就像你昨天說的，因為這些都是大圓滿智慧，對嗎？**

大圓滿智慧

沈：對。大圓滿其實有很多層面，一層一層的，它並不是很抽象的概念，而是許多具體的感性顯現。

具體的感性顯現

吳：**感性顯現？**

沈：舉個例子來說吧，一個細胞裡有無數億個原子，而每個原子都有原子核，每個原子核又有電子圍繞著它運行。

我們剛出生時，無論是電子的軌道，還是原子的軌道，基本上都是非常規矩、非常和諧圓滿的，因此細胞也是圓滿的，整個人也處在圓滿的軌道上運行。

但是隨著時間推移，各種各樣的物理刺激、化學刺激，都會不斷地使這些軌道發生扭曲。慢慢地，這些軌道就不再圓滿了。原子的軌道不圓滿了，電子軌道也會不圓滿，於是它們開始互相喀碰，互相衝撞，衝撞到一定程度，被衝撞出細胞外的離子會越來越多。等離子多到在細胞外圍形成離子雲，這個人離罹患癌症就不遠了。

時間推移
軌道發生扭曲

吳：**是離子雲導致了癌症？**

沈：並不是，是因為所有的軌道都出現相當程度的扭曲，和諧已經不存在了。這跟一個社會出現混亂的過程很像，一個社會如果失去了原本賴以共處的和諧關係，大家互相摩擦、互相爭奪，不斷有一些個體被排擠出去，排擠得越來越多，那麼這個社會很快就會出現大混亂。

相反的，如果我們可以讓一個原子之內，所有運行軌道都是圓滿的，那麼原子就是圓滿的；如果不僅僅是一個原子，而是整個細胞無數億個原子的軌道都是圓滿的，那麼細胞就會是圓滿的。再來，如果不僅僅是一個細胞，而是無數億個細胞的軌道都是圓滿、有序的，那麼是不是我們整個人就處在大圓滿的狀態了？更擴大來說，假設無數億個人，大家都沿著自己該遵循的軌道有序地運行，那麼整個人類的大圓滿是不是也跟著實現了？然後，從人類再延伸到萬物，延伸到宇宙，所有軌道都圓滿、和諧、有序，那麼我們感受到的就會是整個宇宙的大圓滿！

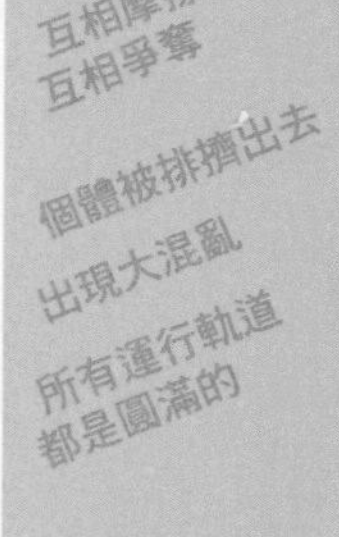

不要以為宇宙是什麼大爆炸形成的，這種想法只能說是人在有限空間、有限時間和有限經驗中產生出來的意象。

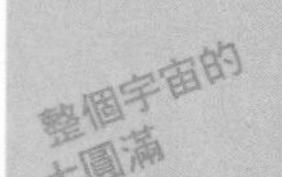

吳：**怎麼說？**

沈：很多人不是都認為宇宙是大爆炸形成的嗎？

吳：**對呀。**

沈：實際上，我們寧可相信這個宇宙是從一個塵埃的有序運行開始的

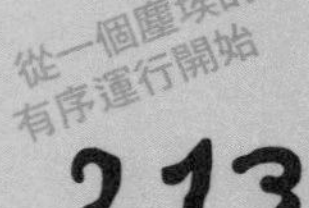

。也就是說，當所有塵埃都在無序運行的時候，有一個塵埃它有序運行了。

吳：在大混沌中出現了一個有序運行的塵埃。

沈：對。因為周圍所有塵埃都還無序運行著，從概率上來說，這個不停在有序運行的塵埃非常容易便能帶動其他塵埃跟著運行。明白嗎？

吳：嗯。

只要帶動了一個

沈：那麼，只要帶動了一個，它的帶動力便會翻倍。很快的，二個變四個，四個變八個，八個變十六個……呈幾何級數不斷增加。慢慢的，有序運行的塵埃形成的吸附力越來越強，帶動著整個宇宙跟著有序運行，也就形成了一個和諧的大圓滿軌道。

大圓滿軌道

吳：哦！

不要看輕個體的力量

沈：所以，不要看輕個體的力量，因為宇宙就是從一個個體的有序與和諧開始的。個體的帶動力量是無限的。就像我先前告訴你的，當你歡喜的時候，你已經在加持整個世界和平的場、歡喜的場、光明的場。因為你自身的和諧，它所形成的和諧的場，必然會給周圍的人帶來一種和諧的感覺。這種和諧的感覺本身就是一種有序運行，而無序運行永遠是會被有序運行所帶動的，於是周圍會被和諧的場帶動，跟著變得和諧，然後迅速以幾何級數擴大。

佛先要求自己從自己做起

從這個角度來說，所謂的「佛」，從來不是去要求別人，而是先要求自己。當你自身成為一個和諧的大圓滿時，你周圍也就會有越來越多人處在和諧之中，而越來越多人和諧，必然會帶動更多人和諧。所以，從自己做起，這才是創造大圓滿的開始。

吳：所以大圓滿就是和諧，對嗎？

沈：對。不要把大圓滿這個概念想成很玄的東西，它是很實際的。從我們身上的一個原子、一個細胞、到一個人，一直延伸到整個宇宙，都息息相關、密切相連。

所有最偉大的事情，往往就是最簡單的事情，而最簡單的事情，它本身就是圓滿的。

吳：等於我把我自己這個小宇宙弄和諧了，也就能帶動外在的大宇宙

變得和諧，對不對？

沈：對，首先要把自己變得有序、和諧起來，就這麼簡單。宇宙是這樣，世界也一樣，自身之內也是一個宇宙，一花也是一個世界。

吳：所以，我們昨天講到的彌勒佛救世，實際祂只需把軌道做出來，把次序做出來，宇宙就有機會大圓滿，對不對？

沈：對對！不要想像救世是多大的使命，也不要等待別人來救你，而是要很簡單地從自己做起。你自己圓滿了，哪怕只是一個細胞圓滿了，都會有帶動作用。只要你堅持，你的周圍也會被帶動。

一開始，我們講「開心就是佛」時不也提到說：你今天開心了，你今天是佛，明天不開心，沒關係，你後天還可以再開心，還可以回到佛，只要你能夠堅持，逐漸逐漸地你就圓滿了。即使不是你整個人都堅持圓滿也沒關係，只要有幾個腦細胞堅持圓滿，它們就會帶動越來越多的細胞沿著有序的軌道前進，因為這是概率論所決定的。只要有一個分子、一個塵埃不停地堅持有序運行，那麼它的周圍就會被附吸、被帶動。

這個道理對應到社會上也一樣講得通。只要我們堅持做對社會有益的事，也就能帶動越來越多的人跟著去做對社會有益的事……

吳：而且帶動的力量會越來越大，速度也會越來越快。

沈：對。

吳：慢慢地，周圍就會和諧了。然後再擴大到社會、國家，最後連世界也和諧了。

沈：對，所以只需一個塵埃變得有序，宇宙就有希望達到大圓滿。

吳：沈老師，我突然有個想法，你看我說得對不對？

沈：嗯？

吳：所以，所謂的彌勒佛救世，祂也就像一片大混沌中那一個走上有序運動的塵埃，一個有序的塵埃帶動了周圍無序的塵埃……所以，不是什麼救世不救世……

沈：對。

吳：祂只是在做祂的工作，不是什麼肩負救世使命……

沈：祂還是塵埃。

把自己變得有序
和諧起來

帶動作用
只要你堅持

一個分子
一個塵埃

堅持做對社會
有益的事

帶動
越來越多的人

只需一個塵埃
變得有序

祂還是塵埃

吳：對呀！祂還是塵埃！

　　唉呀，沈老師，你說得太好了！

只要你打開，宇宙的所有信息都在裡面

沈：那麼，當你達到圓滿以後呢，你對任何事物的瞭解也都會是圓滿。慢慢的，你甚至會直接打開本源信息。

本源信息

吳：本源信息？那是什麼？

沈：你看，你身上的一個細胞，它含有你全身的信息，它是全息的，對不對？

吳：對。

沈：那麼，你是宇宙的一個細胞，也應該是含有宇宙的全部信息，對吧？

吳：對。

沈：身為宇宙的全息元，每一個人都含有宇宙的全部信息，只不過你不知道怎麼打開，也就讀不到裡面的信息。實際上，這些信息都在你身上。

信息都在你身上

吳：我不知道是因為我還沒有打開？

沈：對。只要你打開了，宇宙的所有知識、所有信息，你全部會知道，因為它本來就在你身上，本來就是圓滿的。

　　當你暢通了、和諧了、了無罣礙了，你就會打開它。一打開，它就是具足的，宇宙的所有知識都在裡面。

暢通

和諧

了無罣礙

佛性

吳：而它們就是本源信息。

沈：對。如果我們把宇宙的本源信息稱為「佛性」的話，那麼佛性在你身上本來就是具足、圓滿的，不會比釋迦牟尼少一點，也不會比彌勒佛少一點，因為它是全息的，在每一個人身上都是具足的。而我所說的這些，很可能一個道理就是一個通道，你讀懂了、想通了，也就一下子自己打開了它。

本來就是具足的

吳：這個道理是不是每個人都聽得懂？還是只有少數人聽得懂？

沈：每個人的根器不同、慧性不同，他領悟的內容、方向也就不一樣。有些人可能從某個角度去領悟，有些人可以從整體和全息上去

根器不同

領悟，因為每個人有自己的背景，當他思考時，他會和自己原有的信息互動起來，這是很自然的事。

而只要一互動起來，相關的信息也會跟上，越來越多的信息全部跟著互動，於是忽然間，他會感覺好像明白了很多很多。但是這個人的明白了很多很多，不代表和另一個人的明白很多很多是一樣的，比如說和你的明白很多很多就不見得會一樣。理解嗎？

吳：**理解。意思就是說，聽到同樣的話，每個人根據自己的所學、自己的經歷，會有自己的領悟，對嗎？**

沈：對，因為他有自己的世界，有自己要做的事情和必須完成的使命。金剛和羅漢各有各的定位，各有各的使命，每個人各有自己該去做的事。做的時候，他們是塵埃，做完了，他們也還是塵埃。像我在跟我的弟子們相處時也多是和他們聊聊天、說說話，不太做什麼要求的。等他們在人世間的使命完成了，所有的一切放下了，也就是他們沒有罣礙了，沒有什麼思慮或貪念了，智慧覺悟也很暢通了，自身之內也更加和諧了，這時候，我才會把一些真正的心法告訴他們。很可能他們聽完，一下子就悟出來了，不需要很長時間。需要很長時間的是什麼呢？是智慧覺悟。釋迦牟尼不就在菩提樹下盤腿坐了七天七夜才開悟嗎？

各有各的定位
各有各的使命

人世間的使命
完成了

智慧覺悟暢通了

一下子
就悟出來了

吳：**那是釋迦牟尼呀！要是別人，不知道要花多長時間。**

沈：等你真正很暢通了，自身之內很和諧了，該做的事都做了，一切了無罣礙了，那麼這時候七天七夜也就夠了。

吳：**這七天七夜等於是打開了本源信息？**

沈：可以這麼說。

為什麼我們要稱宇宙的信息為「本源信息」？就是因為它是直接來自宇宙本體的信息。一般書本上的信息是局限空間、局限時間下的局限經驗，很可能今天你覺得它是對的，是真理，到了明天卻發現全然不是那麼一回事。

直接來自宇宙
本體的信息

吳：**比如說？**

沈：比如說，今天你認為太陽是繞著地球轉的，認為這是天經地義的真理，但是到了明天卻發現：「哎呀，怎麼變成是地球繞著太陽轉呀！」可能今天你覺得電子的軌道是平面的，明天卻發現根本不可能是平面的。這些都是局限經驗，不是直接來自於宇宙本體的信息。

在你身上全部都有

全息元

吳：這麼說來，本源信息是宇宙最真實的信息？

沈：對！而且，這些真正真實的信息在你身上全部都有，因為你自己就是宇宙的一個全息元，宇宙的本源信息在你身上本就是具足、圓滿的，它不會缺一角，也不可能缺一角。這也是為什麼佛經上老是說：佛性是具足的，佛性已經在你身上。

空

吳：那佛經說的「空」，跟本源信息有關係嗎？

沈：當然有。我舉個例子來說明好了。

你有沒有發生過視而不見、聽而不聞的經驗？

視而不見
聽而不聞

吳：有，還非常多。

記憶區

硬碟

沈：我們的記憶是儲存在大腦的記憶區裡的，你不妨把記憶區看做是硬碟。那麼，硬碟裡的資訊是看不見的，想看到或聽到就必須把它提存出來，顯示在電腦螢幕上，而在大腦裡擔任這個顯示器功能的就是前葉區——大腦裡的記憶必須進入到前葉區裡才能顯像顯聲，讓我們看到或聽到。

前葉區

顯示器

同樣的，前葉區跟我們電腦的顯示器一樣有儲存容量的限制，超出了儲存容量的限制，即使有再多的信息也存放不進的。那麼，當你很專注、很認真看一件東西的時候，這些視覺圖像信息已經把顯示器的儲存流量占滿了，這時別的信息進不了前葉區，所以無論別人怎麼叫你，你都不會接收到，自然也就聽而不聞了。實際上並不是你耳朵出了問題，而是耳朵接收到的信息被擋在前葉區外面，沒有機會進去。

儲存容量的
限制

被擋在
前葉區外面

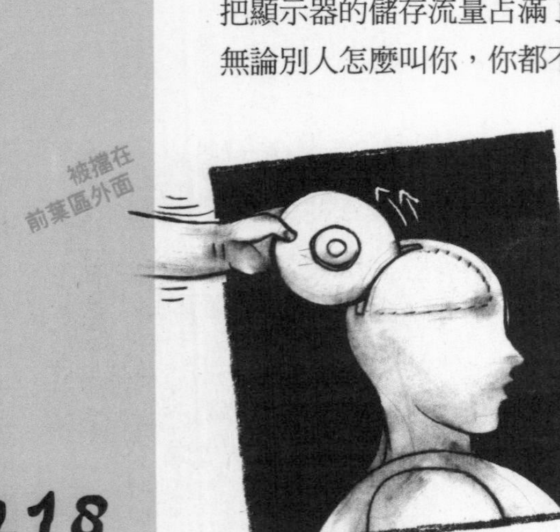

吳：哦～～原來如此。

沈：那麼到了晚上，顯示器有空了，這些被擋在顯示器外面的信息，無論是從記憶調出來的，還是從聽覺接收來的、視覺接

收來的、嗅覺接收來的，都會往顯示器上過一過，然後進入大腦裡。這時候，大腦會有一個出現編輯器的功能。

吳：編輯器的功能？

沈：對，大腦會自己編輯，把包括外來的信息和你記憶中的信息，所有這些四面八方無序進入的信息全部加以編輯，使它們有序化，於是就出現了所謂的夢。

吳：所以，夢實際上是信息被排序好通過顯示器造成的？

沈：對。白天被擋在顯示器外的信息，到了晚上都要往顯示器過一過，好把動作電位消化掉，否則這麼多動作電位被擋在顯示器外面，大腦會受到強烈干擾的。這就是夢的生理作用。

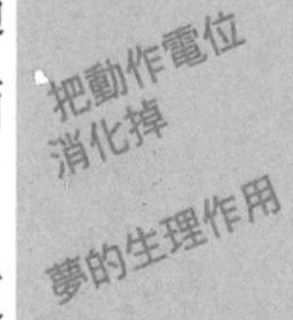

要是一個人整個星期都不讓他作夢，一作夢就把他叫醒，那麼這個人很快就會發瘋。為什麼呢？因為大量的動作電位都被擋在顯示器外面，顯示器始終塞得滿滿，永遠沒有空的時候，大腦受到電位信息的嚴重干擾下，怎麼可能還正常運作？

同樣的道理，要是你的顯示器白天滿滿的、晚上也滿滿的，一大堆信息在那兒排著隊等著往裡過，那麼就算你有具足的本源信息，怎麼有機會進去呢？沒有機會！

吳：所以，一定要「空」！

沈：對，一定要空，空則靈！當一個人達到空的時候，宇宙的本源信息才有機會進入大腦前葉區，才有機會顯聲顯像，你也才有可能提取儲在你體內、已經具足、已經圓滿的本源信息，你也才可能一下

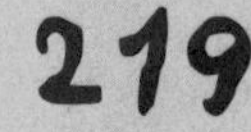

子達到頓悟的真如世界。

吳：**難怪辛老師總是叫我不要熬夜，一定要睡覺。他說睡覺時，大腦在處理所有的信息，這樣你才能夠空。**

沈：對呀。他告訴你的是結果，我告訴你的是原理。

吳：**所以要是我不睡覺，大腦處理不完，就不能空了。**

沈：非但不能空，大腦還會受到強烈的干擾。

吳：**那我們一天應該睡多少時間呢？**

練功

沈：基本上是六到八小時。不過，一般人即使睡足八小時，也難以達到空，因為實在是六根不清淨，白天滿滿的信息，晚上排隊等著進去，還是滿滿的。

吳：**我現在大概每天只睡了五個小時，因為睡覺之前我還要打坐兩個小時的。**

沈：練功本身就有消化電位的作用，所以它也有空的過程。當然，睡眠還是很重要的。不過，白天時不要去想空不空的問題，因為你有許多工作要做。既想要把工作做好，又想著要空，那是不可能的。記住，守一之道第一層心法告訴我們：守住那個最重要的，其他和它相衝突的、相矛盾的，想都不要想就捨了。白天時，你最重要的是完成手上的工作，其他與工作相衝突的，想都不要想就放下。

守一之道

守住那個最重要的

吳：**我懂我懂，白天就只專注著把工作做好。**

沈：對。否則的話，人很容易陷於自我掙扎、自我矛盾的選擇困境中。我們每天、每分鐘、每件事、每個細節，都會面臨選擇，而選擇往往是兩難，沒有一個選擇是單一的，如果我們沒能學會如何選擇、如何捨九守一，那麼很有可能自己的能量就全消耗在掙扎和矛盾裡而一事無成了。

捨九守一

捨得之道就是要讓你沒有自我矛盾、沒有自我掙扎，做一個拿得起、放得下，乾淨利索、行動果決的人。能做到這一點，你就已

拿得起、放得下

經比一般人了不起了。至少別人還拖泥帶水地猶疑不定時，你已經直截了當奔向目標。

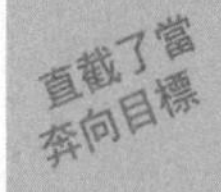

吳：**嗯，我理解了。**

沈：今天就講到這裡吧。

吳：**好，我回去一定再好好消化一下。**

非常謝謝沈老師！

——還有更多與沈默大師談天的精采內容，

將陸續出版。

漢聲
與大師談天 1
沈默：《開心》
採訪：吳美雲

總策劃兼美術指導：黃永松
總編輯：吳美雲
文字編輯：梁秀玲・唐淑霏
美術編輯：羅敬智
插畫：黃升
裝幀設計：黃永松・羅敬智

發行人：黃永松
出版者：英文漢聲出版股份有限公司
地址：台北市八德路四段 72 巷 16 弄 1 號
電話：(02)27631452~5
網址：www.hanshenggifts.com
e-mail：hansheng@mail.echogroup.com.tw
初版：西元 2016 年 3 月出版
印刷：博創印藝文化事業有限公司

定價：新台幣 450 元整
劃撥帳號：07285671
戶名：英文漢聲出版有限公司

ISBN：978-957-588-521-2